最美的宋词，最深的红尘

散净居主人 著
老树 绘

抱一份深情，活一份通透

北京理工大学出版社
BEIJING INSTITUTE OF TECHNOLOGY PRESS

图书在版编目（CIP）数据

最美的宋词，最深的红尘 / 散净居主人著；老树绘. —北京：北京理工大学出版社, 2019.6

ISBN 978-7-5682-6929-2

Ⅰ. ①最… Ⅱ. ①散… ②老… Ⅲ. ①词人—生平事迹—中国—宋代 ②宋词—选集 Ⅳ. ①K825.6 ②I222.844

中国版本图书馆CIP数据核字（2019）第066821号

出版发行 / 北京理工大学出版社有限责任公司
社　　址 / 北京市海淀区中关村南大街 5 号
邮　　编 / 100081
电　　话 / （010）68914775（总编室）
（010）82562903（教材售后服务热线）
（010）68948351（其他图书服务热线）
网　　址 / http: //www.bitpress.com.cn
经　　销 / 全国各地新华书店
印　　刷 / 三河市宏图印务有限公司
开　　本 / 889 毫米 × 1194 毫米　1/32
印　　张 / 9.25
字　　数 / 160千字
版　　次 / 2019 年 6 月第 1 版　2019 年 6 月第 1 次印刷
定　　价 / 56.00元

责任编辑 / 龙　微
文案编辑 / 吴　博
责任校对 / 周瑞红
责任印制 / 施胜娟

引子

宋词的生长

宋承周祚，公元960年，赵匡胤以陈桥兵变，开启了大宋江山三百年的基业。赵匡胤生在后唐天成二年（927年），《宋史》说他生时：“赤光绕室，异香经宿不散，体有金色，三日不变。”这是史家说开国皇帝的旧套，不过说他做皇帝早有预兆。不知那“体有金色，三日不变”，是否预示他赵家能做得天下三百年？

赵氏开基，与历代不同，虽然是“兵变”，可基本上是兵不血刃就夺了天下。得来容易守起来就难，赵氏有其先天的不足。若王夫之《宋论》中说：“权不重，故不敢以兵威劫远人；望不隆，故不敢以诛夷待勋旧；学不夙，故不敢以智慧轻儒素；恩不洽，故不敢以苛法督吏民。”有此“先天不足”，而赵氏能受非常之命，终以一统天下，垂及百年，而世称盛治者何？用王夫之的话说是“唯其惧也！”“惧以生慎，慎以生俭，俭以生慈，慈以生和，和以生文。”（《宋论》）赵氏江山能绵延三百年，应从其“文治”的功夫看，盖与宋太祖生时异香不散、金体不变没有多大关系。

宋代一则笔记里说“太祖少亲戎事，性好艺文”（《宋朝事实类苑》引《傅简公佳话》)，从史乘所载来看，太祖好读书，重儒士，这是公认的。如他曾说过："今之武臣，亦当使其读经书，欲其知为治之道也。"(《涑水纪闻》)"作宰相当须用儒者。"(《王文正公笔录》)又，宋初太祖要改年号，要求宰臣找"古来未尝有者"用之，宰臣建议用"乾德"为号。乾德三年平蜀，在一面镜子上，太祖看到有"乾德四年铸"的字样，他怪而问宰相，皆不能对。乃召学士陶谷、窦仪问之，窦仪说，蜀主曾有此号。太祖因而说"作宰相须是读书人！"从此大重儒臣矣。(《宋朝事实类苑》卷一)又，陆游《避暑漫抄》载：

> 艺祖（即赵匡胤）受命之三年，密镌一碑，立于太庙寝殿之夹室，谓之誓碑。用销金黄幔蔽之，门钥封闭甚严。因敕有司，自后时享及新天子即位，谒庙礼毕，奏请恭读誓词。……
>
> 群臣及近侍皆不知所誓何事。自后列圣相承，皆踵故事，岁时伏谒，恭读如仪，不敢泄漏。虽腹心大臣……亦不知也。
>
> 靖康之变，兵人入庙，悉取礼乐祭祀诸法物而去，门皆洞开，人得纵观。
>
> 碑止高七八尺，阔四尺余，誓词三行：一云，柴氏子孙有罪不得加刑；……一云，不得杀士大夫及上书言事人；一云，子孙有渝此誓者天必殛之。(见《说

郛三种》卷四，第1784页）

第一条，不杀柴家人，也见得太祖之仁，也见得太祖之愧。夺了人家天下，而能优厚其子孙，也算他宽缓不苛。第三条只是强调前两条之必须遵守。第二条遂关文治之旨矣！优厚文人士大夫的政策，使得有宋一代的文人得以成为真正的文人。

除了平定南方和统一中原以外，宋初帝王几无武功可言。政治上是保守的，军事上是无力的。时人已无初、盛唐时建功立业之心志与胆魄，时代精神完全由外张而转为内敛。宋初几代皇帝，皆在文化建设上颇下功夫，如倡读书、重文士，以使宋初文人之学问远比唐文人丰富，经史子集无所不读，儒释道无所不包，文人即学者，学者亦文人。

从文艺创作的心态言，亦与整个文化大背景同，是以向内收敛为要旨。赵氏立国，有五代一批文人入宋，如徐铉、杨徽之、李昉等，皆三四十岁人，五代柔弱之风既已定型，又兼明哲保身，不思张扬，故其作诗也，或取悦君王，粉饰太平而应制；或吟玩性情，自我愉悦而酬唱，盖无多少艺术价值可言。宋初应制唱和之诗极盛，这一方面有如上所说是文人明哲保身、取悦君王的原因；另一方面也是因为君王颇好此道，每加提倡。

应制献诗，自多取悦之心；臣僚酬唱，率吟闲适之情。宋初有三馆，即史馆、昭文院、集贤馆，三馆为储才之地，故文人一登馆职，遂为名流。且馆阁学士与翰林学士知制诰均为皇帝近臣，位重而责轻，禄厚而身闲。宋初文人的生活是居重位而养闲情，唐人那种“致君尧舜上，再使风俗淳”的政治责任感，在这里不为所重。这里是“自喜身无事，闲吟适性情”(《二李唱和集》)。

宋朝立国前后出生的一批诗人和学者，顺着宋初唱和诗的路子，结成了一部《西昆酬唱集》，虽无五代衰飒之气，但也不过是以华丽的词句作消遣的玩意儿而已。内敛的柔弱无改，新鲜的气象安在？尽管欧阳修《六一诗话》说“自《西昆集》出，时人争效之，诗体一变。”可细读来，也不过是由宋初的仿效白乐天变为仿效李义山而已。争奇逞妍，铺锦列绣，在李义山的“衣服”上再加浓墨重彩，却把李义山的“灵魂”丢了。

那种内敛的“温柔”，在宋初的诗里头，真是让人看着没劲，建安以来的风骨气象都没了。倒是“要眇宜修”的词，在那种内敛的创作心态下，给予抒写幽约细美的内心情感，提供了一种极方便又极恰合的艺术表现形式。小小的歌词，在有宋一代，开始出人头地了。

目录

珠圆玉润晏元献

疏隽深婉欧阳修

露花倒影说柳词

珠圆玉润晏元献

有时自己内心中的苦楚是难以被人理解的，所以诉之于人也是枉然，还不如慢慢地自行消融。不甘于失去，自然要找寻，寻之不得，心绪更恶，却需有化解的努力，化解也不是一化就什么都没有了，所以也不要过分期盼一切苦痛都会化作烟云。这就是大晏，词里面有很多的思致，能令人静静地读出许多道理来。

富贵圆融

楼台侧畔杨花过，帘幕中间燕子飞

晏殊（991—1055），字同叔，谥号元献，江西人，与其子晏几道，被称为“大晏”和“小晏”。他的词集名为《珠玉词》，也真是表现了他的词的那种珠圆玉润的特质。晏殊是个神童，十四岁就赐同进士出身了。官职做到了宰相。他也作诗，有很多的富贵句子，但他的成就还是在小词上面。他作词是属于雅丽那一路的，不染俗尘，就是当筵歌唱的兴来之作，也不那么随便。晏殊做人谨慎老实，有君子风、富贵气。黄山谷曾说过，士大夫可以百为，唯不可以俗，俗便不能医。晏殊是个远俗的人，是个天然具有富贵气的人。《宋朝事实类苑》中说：“晏元献公虽起于田里，而文章富贵，出于天然。”其吟咏富贵，不涉金玉锦绣之类词，而唯说其气象，如其诗云：“楼台侧畔杨花过，帘幕中间燕子飞。”“梨花院落溶溶月，柳絮池塘淡淡风。”他曾对别人说：“穷儿家有此景致也无？”（参见《青箱杂记》）

我们还知道，晏殊与词人柳永有一段很有名的对话，即《画墁录》所载者："柳三变既以词忤仁宗，吏部不敢改官，三变不能堪，诣政府，晏（殊）公曰'贤俊作曲子么？'三变曰：'只如相公亦作曲子。'公曰：'殊虽作曲子，不曾道针线慵拈伴伊坐。'柳遂退。"

关合人生
无可奈何花落去，似曾相识燕归来

晏殊作词，不愿意作柳永那种"针线慵拈伴伊坐"（柳永《定风波》中句）式的不太雅致的句子。他的词，从表现手法看，是圆融的；从内容看，多写文人士大夫情怀，有一种贵族式的"有闲阶级"之意趣。

我们先来看他两首《浣溪沙》：

浣溪沙·一曲新词酒一杯

一曲新词酒一杯，去年天气旧亭台。夕阳西下几时回。

无可奈何花落去，似曾相识燕归来。小园香径独徘徊。

这首词写一种孤独感，写孤独之情而不自苦，这是晏殊的特色。孤独本是人生之常事，亦未必是坏事。常人怕孤独，是不深谙“孤独”之意义者也。晏殊写孤独，是独谙人生之中，孤独常随，泰然处之即可，不必哀叹伤感。一切都是命运使然，何必劳神悲戚？

人之人性，物之物性，各归其主，皆天道之安排，你悲戚也没有用。但你也不能说他没有伤感，只是伤感不那么着力，不像前面的李后主，也不似后面的秦少游，他们是愁如江水愁如海。他们是直着用力，晏殊不是不用力，他的力在一个圆圈儿里，他的力是融在美丽的造句和闲淡的叙述里的。

你看他说“一曲新词酒一杯，去年天气旧亭台。”就这么闲闲数笔，看不出他有什么心思，可总觉得他有话要说。“夕阳西下几时回？”这一问，就有一些“去日苦多”之慨了。可也不是一路直下，过片“无可奈何花落去”，好像往下走了一步，“似曾相识燕归来”，又转回来了。不执着于一去不返，而观照于循环往复，这才是宇宙的永恒。“小园香径独徘徊”，是在铺满落花的园中小路上思考，是孤独中的冥想与沉思，想的不是“独”，是面对落花满径而对宇宙人生的悟入，是悟入之后的超脱。所以在大晏那里，即使是对无常的感伤，也有许多一己之理性的开解蕴藉其中。

浣溪沙·一向年光有限身

一向年光有限身。等闲离别易销魂。酒筵歌席莫辞频。

满目山河空念远，落花风雨更伤春。不如怜取眼前人。

这首写得更豁达一些，不可作及时行乐解。人生自有悲欢离合，但过分伤于离别则损身。《内经》有言，人欲大乃挫本根，故不得长寿。大晏此词，甚得道旨，退一步天地自宽，这是主动的退，与被动的退不同。年光易尽而此生有限，故人即使等闲分离也不堪禁受。而大晏不这么看，时光在时，人在时，自于酒筵歌席上尽情享受，这是最实在的，一分钟的享受也不要错过，所谓“酒筵歌席莫辞频”者也。

有一则故事可说，晏殊做京兆尹时，新得一侍儿，他很喜欢这个女孩儿。当时大词人张先（字子野）为他的通判，张每来作客，他都让这个新得的侍儿唱张子野的词。后来他的夫人王氏看不下去，把侍儿卖掉了。有一天，张子野又来和晏殊吃酒，子野作词令营妓歌之，末句云：“望极蓝桥，但暮云千里。几重山，几重水？”不知是张子野有意刺激他这位上司呢，还是说者无心，反正元献公是被刺激了，于是他怃然而曰：“人生行乐耳，何自苦如此？”亟命人从宅库中取钱把那位侍儿又重新买回来了。此时夫人也莫可奈何他了。（事见《宋人轶事汇编》

卷七引《道山清话》）“人生行乐耳，何自苦如此”，就是说人不要自己为难自己，要能吃苦，也要会享福。用现在的话说就是善于把握生活。此词过片境界颇大，浩莽山河，飘摇风雨，“念远”“伤春”亦属徒劳。

俞陛云先生《唐五代两宋词释》云：“与其落月停云，他日徒劳相忆，不若怜取眼前，乐其晨夕，勿追悔蹉跎。”此深得大晏之旨也！同此，叶嘉莹《大晏词的欣赏》一文曰：“‘满目’一句，除‘念远’之情外，它更使读者想到人生对一切不可获得的事物的向往之无益；‘落花’一句，除‘伤春’之情外，则更令人想到人生对一切不可挽回的事物的伤感的徒劳；至于‘不如怜取眼前人’一句，它所使人想到的也不仅是‘眼前’的一个‘人’而已，而是所该珍惜把握的现在的一切。”（《迦陵论词丛稿》上海古籍，1980，第124页）此真能得大晏词旨之言也！

愁肠挽结
金风细细，叶叶梧桐坠

我们说，晏殊是学冯延巳的，清朝人刘熙载说他得到了冯延巳的“俊”，“俊”不只是表面的漂亮，而是有一种气韵在里面，是漂亮而又有精气神儿。这在他一些闲雅的词里自可见。如其《浣溪沙》之“红蓼花香夹岸稠，绿波春水向东流。小船轻舫好追游。”另一首《浣溪沙》之“一霎好风生翠幕，几回疏雨滴圆荷。”真是“俊”句子！

我们再来看他的一首《清平乐》：

清平乐·金风细细

金风细细。叶叶梧桐坠。绿酒初尝人易醉，一枕小窗浓睡。

紫薇朱槿花残。斜阳却照阑干。双燕欲归时节，银屏昨夜微寒。

“金风细细”，是秋天的景象。“秋风”曰“细”，是吹得轻柔；梧桐叶落而曰“叶叶”，是落得也轻柔。“人易醉”，未必如一般所释是伤秋心情不好一饮便醉，而是从季节上说，便于人们活动、激昂、兴奋的时节已经过去，人们自然在秋天有一种休息的需要，这个“醉”字或可解作“放松”，是精神与体力上的放松，故有“小窗浓睡”之辞。“浓睡”是说睡得很稳，内心平静，一切晏然，而非内心激荡，借酒醉而酣睡避世。“紫薇朱槿花残”，写四时之将终；“斜阳却照阑干”，写一日之将尽。

人在此时，自有一种小小的失落感，很难察觉却真实存在，所以才说“双燕欲归时节，银屏昨夜微寒”。你看这首词真是写得不疾不厉，人的情感波动是缓缓的，秋日印象是一曲很和缓的乐章，是一幅不饰重彩的图画，只是把一种诗意的感觉传达了出来，这是晏殊的风格。此词字数少，写得细，有一种宇宙流转之感，虽小却好，好在有境界。

心自开通

昨夜西风凋碧树

我们说冯延巳的词里有着一种悲剧精神，表现在他的那种不甘心。大晏词里也多少有些这种东西在。比如晏殊那首有名的《蝶恋花》：

蝶恋花·槛菊愁烟兰泣露

槛菊愁烟兰泣露，罗幕轻寒，燕子双飞去。明月不谙离恨苦，斜光到晓穿朱户。

昨夜西风凋碧树，独上高楼，望尽天涯路。欲寄彩笺兼尺素，山长水阔知何处？

此词写秋，通篇寓着美好时光将尽，人力欲挽不得的淡淡之哀愁。首句布景，而“愁”“泣”二字自含情。“愁烟”“泣露”，有伤时之意绪，更可推而言之。是伤一切美好事物之丧失，“罗幕轻寒，燕子双飞去。”是这种“丧失”的象征，亦此词根结之句也。秋之肃杀，已预示着寒冷将至，而此时唯有自由的燕子可以双双飞离，去寻找温暖，只剩下无力左右自己命运的人来独尝寂寞与孤冷。

“离恨”也不可仅释为与人相别之恨，而是告别美好时光与美好事物的苦痛。“明月”自不谙此恨，推而言之，别人又岂能全部理解自己那一份孤冷？理解之难，于此见之。这里是平静的陈述，看不出过多的怨悱，此为大晏节制有余的特色。过片“昨夜”句写“冷”，“独上”句写“孤”。

“望尽天涯路”是一种追寻，这是失去之后的第一层追寻，但并无结果。美好的失望已杳然无迹，于碧树凋残时登楼远望，本可以寻到点什么，可偏偏一无所获，此尤令人失望感伤者也。“欲寄”二句是另外一种形式的追寻，是失去之后的第二层追寻。

然而彩笺、尺素又不知寄往何处，也只能作罢。第一层寻找已付诸行动，无结果；第二层寻找不过只是一种企图，并非不想付诸行动，而是即便行动也徒劳无功。因不甘心而追寻，这一点像冯延巳，可与冯延巳不同的是他不那么死死往下追，而是转回来自己开解。

人不如燕，人就应该正视自己的处境，并非逆来顺受，而是要冷静地对待人生途中的险象逆流。有时自己内心中的苦楚是难以被人理解的，所以诉之于人也是枉然，因此不如慢慢地自行消融。不甘于失去，自然要找寻，寻之不得，心绪更恶，却需有化解的努力，化解也不是一化就什么都没有了，所以也不要过分期盼一切苦痛都会化作烟云。这就是大晏，词里面有很多的思致，能令人静静地读出许多道理来。

疏隽深婉欧阳修

南唐的冯延巳一路下来，晏殊得其俊，欧阳修得其深。可以说欧、晏、冯，一脉相承，皆词中有境界者。“境界”一词是从佛家那里借用到文学评论中来的，“境界”是感受中的世界，气动于物，物感于人，环于象外，中得心原，欧阳修在艺术品中所造就的这个世界，是带着感动的世界，动己也动人。这就是文人学士作词和民间艺人作词的不同之处。晏殊、欧阳修二公上接冯延巳，在这方面做出了极大的努力。

豪荡亦情深
人生自是有情痴，此恨不关风与月

欧阳修（1007—1072），字永叔，庐陵人，谥号文忠，世称欧阳文忠公，与晏殊算是同乡，都是江西人。他虽然不似晏殊被奉为“神童”，可也属于“幼敏悟过人”一类的天资聪颖的人。官也做到了宰相，可是仕途并不顺利，经常被下放到州县去。欧阳修性格比较刚直，敢说敢做，得罪了不少人。他虽是晏殊举荐的，但是晏殊不太喜欢他，也是因为他说话太直，不会晏殊那种圆融。晏殊做人做事都比较谨慎，欧阳修就豪放得多，这与天性有关。《宋史》上说他“天资刚劲，见义勇为，虽机井在前，触发之不顾。放逐再三，志气自若也。”可见其人格。欧阳修是一代儒宗，在诗文方面又是有宋一代的开山祖，且领袖群伦。其小词为余事耳，而他这种诗文天才，即便以余事为小词，也是做得非常好。我们说过，他的词和晏殊的词，都是上承冯延巳的，写伤春怨别的东西而能寓一己之襟抱。他们虽属一路，却各有特质在。叶嘉莹先生尝曰：冯延巳词有“执着的热情”；晏殊词有

“圆融的观照”；欧阳修词则是有“遣玩的意兴”。此为明辨也！

何谓“遣玩”？“遣”就是排遣，排遣什么？排遣悲慨与忧伤。“玩”就是赏玩，就是欣赏。“遣玩”，就是透过对悲慨与忧伤的一种排遣，而转为一种欣赏。叶嘉莹先生说：“欧阳修的遣玩的意兴，是在他的苦难之中表现和完成的。”“欧阳修的修养正是透过了悲慨（不是说没有悲慨）来看到它们可赏爱的一面。这是欧阳修的修养，是他的一种品格，一种情操，是他平生所有的经历的一种结合。”（见《唐宋词十七讲》）

“遣玩”是一种处理一己内心之悲慨与忧伤的方法，也可以说是一种看世界的态度。“遣玩”是表面的，内在的更深挚的是悲慨与忧伤。因其有“遣玩”的这种态度，所以他的词里自有一种豪放气；亦因其有着对人生苦难的悲慨的感受与对人间美好事物的深情，所以他的词里又有一种深婉的气质在。即如王国维先生《人间词话》中所云：“于豪放中有沉着之致，所以尤高。”这话是针对欧阳修《玉楼春》一词所说的，我们看那句子：“人生自是有情痴，此恨不关风与月。”“直须看尽洛阳花，始与东风容易别。”这就是欧阳修！

清景醉里看
笙歌散后游人去，始觉春空

我们先看欧阳修的两首《采桑子》：

采桑子·轻舟短棹西湖好

轻舟短棹西湖好，绿水逶迤，芳草长堤，隐隐笙歌处处随。

无风水面琉璃滑，不觉船移，微动涟漪，惊起沙禽掠岸飞。

采桑子·群芳过后西湖好

群芳过后西湖好，狼藉残红。飞絮濛濛。垂柳阑干尽日风。

笙歌散尽游人去，始觉春空。垂下帘栊。双燕归来细雨中。

这是在欧阳修“定格联章”的十首咏颍州西湖的《采桑子》中选出的两首。这是他晚年的作品了。中年时他在颍州做过官，非常喜欢那里的美丽风景，他说他要到告老还乡时，到颍州定居。后来他六十多岁辞官归隐时，果然回到颍州的西湖畔了。

十首《采桑子》就是写西湖的，是联章而歌的。前面有一则“念语”，就像歌唱前先来一段开场白。其“念语”曰：

> 昔者王子遒之爱竹，造门不问于主人；陶渊明之卧舆，遇酒便留于道上。况西湖之胜概，擅东颍之佳名。虽美景良辰，固多于高会；而清风明月，幸属于闲人。并游或结于良朋，乘兴有时而独往。鸣蛙暂听，安问属官而属私；曲水临流，自可一觞而一咏。至欢然而会意，亦旁若于无人。乃知偶来常胜于特来，前言可信；所有虽非于己有，其得已多。因翻旧阕之辞，写以新声之调。敢陈薄技，聊佐清欢。

这真是一篇极美的小骈文，在这里我们可以看出这位欧阳老翁心境的澄明，他真是把一切都看得那么有情趣。他是历尽了宦海波澜之后隐归颍州的，这时的欧阳修也算是通会之际，“人”“文”（包括词）俱“老”了。这个“老”是成熟的意思，是达到了高境界的意思。读《宋史》知道他幼失父，母亲曾告诉他，父亲生时常对晚辈说：“求其生而不得，则死者与我皆无恨。夫常求其生，犹失之死，而世常求其死也。”欧阳修“闻而服之终身”。其父之言，有些老子味儿。欧阳修也说过：“达有无之至理，适用舍之深机。诘之不以言穷，推之不以迹见。”（见《欧阳修全集·笔说》）这里也有很深的道家味道。中国古代的文人士大夫，面苦难而能达观，多多少少都受着一些道家思想的影响。欧阳修词中的那一份“遣玩的意兴”，亦当得之于老子。

我们来看他的第一首《采桑子》：“轻舟短棹”去游西湖，起笔就那么轻快，自然也写出心情的轻松愉快。“绿水逶迤”写湖水之美，“芳草长堤”写湖岸之美。下片则写尽泛舟湖上的乐趣，读起来像看一幅山水画。

这第二首《采桑子》写“群芳过后”的西湖，仍是好，虽然“狼藉残红”“飞絮濛濛”，这在别人眼里或是恼人天气，可在欧阳修笔下，却不见悲伤。群芳过后，笙歌散罢，游人去矣，始觉春空，这“空”字用得好，这“空”字是个定格，让你停下来想一想。这如同说在人生途中经历了重重体验之后，一切的喜怒哀乐、悲欢离合、富贵沉沦，都变成一个“空”字而使心境归于平淡了。细雨中帘栊垂下，双燕归来，一切都自然而然。作者如同槛外观景，可又不是完全的局外人，是深入而后的“出”；是大有而后的“空”。这里面有很多深远悠长的意味让人咀嚼，但又非言语能细细解说得了的。这就自然让我们想起了冯延巳，这就是他们造境的一脉相承。这是欧阳公感觉的世界，不是那种单薄的叙写，这里边有一个境界在，这就是王国维推崇的那种北宋词人的境界。

心路不轻松

庭院深深深几许

五代的冯延巳影响了北宋两个大词人，一个是晏殊，一个是我们现在说的欧阳修。晏殊得冯之“俊”，欧阳修得冯之“深”。这个“深”，就是一种“深情”，一种深婉之情。前面我们说了他的词里所具有的遣玩之意兴的那类词，那里头透露出一种豪兴；此外他还有一类很深婉的词。这两种意味的词，对北宋词坛都有开启之功，即如冯煦《蒿庵论词》中说的，欧阳修“疏隽开子瞻（苏轼），深婉开少游（秦观）”。下面我们看他两首极富深情的词：

踏莎行・候馆梅残

候馆梅残，溪桥柳细。草薰风暖摇征辔。离愁渐远渐无穷，迢迢不断如春水。

寸寸柔肠，盈盈粉泪。楼高莫近危阑倚。平芜尽处是春山，行人更在春山外。

这首《踏莎行》是离别之词，写居者与行者相互间的离愁与思恋。这类词在五代和宋初是常见的，内里或许也有某种寄托，但词面上仍是男女的艳歌。如果说这类词有政治上的寄托，自然牵强，若说其间写出一种人类共有的对离别的无奈与对分离的幽怨，那应该是有的。梅残柳细，草薰风暖之时，春光正好，宜两情共享，却偏偏如鸳鸯之烟岛分飞，这对一双有情人来说是极苦的一种感情经历。“闺中风暖，陌上草薰”（江淹《别赋》中语），此时之“摇征辔”，里面有万不得已。“离愁”二句，写行之愈远，离愁愈深，离愁不断如水之不断，汩汩乎直拍神魂，颠倒不能自禁也！下片写思妇柔肠寸断，粉泪盈巾，最怕登楼望远，可是不望也知那人已在春山之外了。王世贞说，“平芜尽处是春山，行人更在春山外”这两句，是“淡语之有情者也”！就是说看似不经意，往深一读，就受不了。所以李攀龙说：“春水写愁，春山骋望，极切极婉。”（见《草堂诗余隽》）

蝶恋花·庭院深深深几许

庭院深深深几许。杨柳堆烟，帘幕无重数。玉勒雕鞍游冶处。楼高不见章台路。

雨横风狂三月暮。门掩黄昏，无计留春住。泪眼问花花不语。乱红飞过秋千去。

这实际上是一首伤春的词，可是有人说“殆有寄托，不仅伤春也。”寄托者何？清人张惠言详释之曰：“庭院深深，闺中既以邃远也；楼高不见，哲王又不悟也。章台游冶，小人之径。雨横风狂，政令暴急也。乱红飞去，斥逐者非一人而已。殆为韩、范作乎？”（《词选》）像这样深文罗织地去谈寄托，把一首写伤春失恋的词与韩琪、范仲淹拉扯上，实在不值一笑。其实这不过是兴到之作，有何命意？王国维先生已驳之于前矣（见《人间词话》）。不过这种寄托之说是与比兴之说有着渊源关系的，这种说法从读者角度说，作为一种联想式的读诗法未尝不可，但必说作者也是那样想，那样有意为之，就需要慎重。汉人解《诗经》就常常以一已之心度作者之腹，把一些情爱和性爱的真情用政治的解说给遮蔽住了。比如曹风里《候人》一篇中的“不遂其媾”，《毛传》就训“媾”为“厚”；训“遂”为“久”。而且说整首诗是“刺近小人”，把曹国的政治与共公的行径都放在里面一起说了。欧阳修对这种解释就提出过质疑，他认为“媾”就是“婚媾”的意思，他说“遍考前世训诂，无‘久’‘厚’之训。”但是欧阳修的这种说法并没有得到后人的重视，而且还颇遭非议。好在20世纪上半叶，有一位真懂诗的诗人学者闻一多出来说话了，他说，《候人》不是刺共公的，更没有“远君子而近小人”的深意。只不过是写一种干熬着的肉欲的饥荒。他说：“这便是我们诗人的心理。恐怕当时他没有许多心思来‘美’这个，‘刺’那个罢。”（《诗经的性欲观》，载《闻一多全集》第3册·第176页）这话说得多好！有些解诗的人好像很怕一个“真”字，总愿意用一种“权势话语”去遮蔽本真，就像要通过某种检查而化装，结果诗词到了他的手中就变得“伟大”起来，可是也就假了。欧阳修不喜欢这种假，可是没想到，他的词也让人“假”

处理了，奈何奈何！

欧阳修这首《蝶恋花》是伤春之词，是以女性口吻写的。“庭院深深深几许”，这一句写得真浓；“杨柳堆烟，帘幕无重数”，又浓上加浓。这是布景，人没有出来，可是心情已经写出来了。这就是造境，这绝不只是一个物理的世界，更是一个感觉的世界。“玉勒雕鞍游冶处”是“章台路”的形容语，“章台”是长安城的街名，这里泛指繁华的游玩之处。庭院之内，是一层接一层的深不可测，是杨柳堆烟、帘幕重重的紧紧遮蔽，外面的繁华与里面的静寂形成对比，院落与章台有一个屏障隔开了。这屏障不是院墙，不是柳烟，不是帘幕，是感情上出问题了。庭院中的女子爱恋着的那个男子在章台游冶，把她忘在（或者不如说是“弃”在）了深深庭院之中。所以就“楼高不见章台路”了。上片是怨这“庭院”的阻隔，金圣叹说“庭院深深深几许”就“问得无端”，也是怨得无端。这就是文人作词的雅处，不直接去怨那个薄幸郎，却怨庭院深深的阻隔，这种情就写得蕴藉、沉着，不那么直露，不那么歇斯底里。这也就是所谓的“深婉”。下片是以落花自比，“雨横风狂三月暮”，写傍晚，而且是春末的傍晚，是经过了无情之风雨扫荡之后的春末的傍晚，这里面就有一种心理上被折磨的无力感。“门掩黄昏”，真是无奈！“无计留春住”，写出她是真的没有力量，没有办法。“泪眼问花花不语，乱红飞过秋千去。”这是问花，也是问自己，落花带着美好的春天飞走了，而且是飞过秋千去，这“秋千”是一个符号，是那时候深闺少女的快乐的象征，那秋千上曾荡漾着她美好的往事，那往事里或许正有她所爱的那个男人在欣赏她的花容月貌与秋千上的风吹仙袂飘飘举。可现在那秋千却凝固在乱红飞舞之中，一切的美好尽成往事，泪眼问花之时，实际上心已碎了。待看到乱红飞过秋千去，就彻底地失望了，风卷落红，把她那颗破碎的心也掏空了去，这是一种何等的绝望？怎能用言语解说得过！上面说的这两首词，基本上能代表欧阳修那类深挚浑厚而又婉约的词风，也最能体现欧词的艺术成就。

从容增逸兴

花似伊，柳似伊。花柳青春人别离

唐五代到宋初这一段，文人小令经冯延巳、晏殊和欧阳修，也就作到家了。欧阳修与晏殊的不同处在于他不只满足那种具有浓郁的五代遗风的小词，他也自觉不自觉地在小词的创作中做了一些开拓的尝试。有人认为欧阳修作词可大体分为前、后两期，以庆历六年（1046年）他四十岁时谪知滁州为限。（参见谢桃坊《宋词概论》，四川文艺出版社，1992，第181页）前期词大多是婉约一路的，里面的主脉是冯延巳、晏殊那类的东西，也有一些“花间”类的东西，也杂着一些应歌的俗曲。以他那种口无遮拦的性格，在创作小词时有多方面的涉足是不足为怪的。这一时期，他可能写过一些浅俗的歌词，这在宋人编的《醉翁琴趣外篇》中可以看到。后人为贤者讳，认为一些艳词不是欧阳修的作品，“乃小人或作艳曲，谬为公词”（曾慥《乐府雅词序》）。若说《外篇》中所有的艳词都是欧阳修所写，固不可信，若说那里的艳词都不是欧阳修所写，也失之武断。胡适之先生说：“后人以为‘欧公一代儒宗’不应有侧艳之词，遂疑这些艳词是伪作的。其实北宋不是一个道学的时代，作艳词并不犯禁，正人君子并不以此为讳。”（《词选》，商务印书馆，民国21年，第60页）他有些艳词写得也真是好，如：

长相思·花似伊

花似伊，柳似伊。花柳青春人别离。低头双泪垂。

长江东，长江西。两岸鸳鸯两处飞。相逢知几时？

减字木兰花·楼台向晓

楼台向晓，淡月低云天气好。翠幕风微，宛转梁州入破时。

香生舞袂，楚女腰肢天与细。汗粉重匀，酒后轻寒不著人。

南歌子·凤髻金泥带

凤髻金泥带，龙纹玉掌梳。走来窗下笑相扶。爱道画眉深浅入时无？

弄笔偎人久，描花试手初。等闲妨了绣功夫。笑问双鸳鸯字怎生书？

欧阳修以其才在小词方面做了多方尝试，这使得他在北宋词坛上称得上开风气的人物，他的深婉沾溉了秦少游一路；他的豪放沾溉了苏东坡一路。

王国维先生《人间词话》一开始就说："词以境界为最上，有境界则自成高格，自有名句。五代、北宋之词所以独绝者在此。"前面说过，南唐的冯延巳一路下来，晏殊得其俊，欧阳修得其深。可以说欧、晏、冯，一脉相承，皆词中有境界者。"境界"一词是从佛家那里借用到文学评论中来的，"境界"是感受中的世界，气动于物，物感于人，环于象外，中得心原，欧阳修在艺术品中所塑造的这个世界，是带着感动的世界，动己也动人。叶嘉莹评价词人说："尽管他只是写不是自己情志的爱情歌词，但不知不觉也流露了他自己本人的一份性格修养在其中了，所以就造成词里边的一种境界，就是词里边所表现作者心灵感情的真正本质的质素的一个世界。"（《唐宋词十七讲》，河北教育出版社，1997，第184页）这就是文人学士作词和民间艺人作词的不同处，文人学士总是自觉不自觉地将学问文章、性格修养浸润到他的词里，那个词里的世界就雅起来了。晏殊、欧阳修二公上接冯延巳，在这方面做出了极大的努力。

露花倒影说柳词

不管柳永怎样以其词被政治权力的“话语”和文艺权势的“话语”拒绝排斥着，可是自柳词一出，在宋初词坛上，可以说就形成了俗雅分流之势，柳词作为“流行歌曲”，在词坛上形成了一种不可否认的冲击力，这不只在于他的词能达到一种“天下咏之”的效应，也在于他的影响所及，使得后来文人士大夫的慢词创作也蔚为大观。

“屯田溪径”
忍把浮名，换了浅斟低唱

说柳永的词，当先说柳永这个人。他和晏殊、欧阳修一样，是真、仁时期词坛上的活跃人物，但是与晏、欧不同的是他活跃在“浅斟低唱”的歌馆楼台里，他是当时“流行歌曲”的魁首，是乐工歌妓的领袖。“流行歌曲”使他名满天下，也使他在那个个人价值实现的途径之一——仕途上，以及具有“权势”的文艺“话语”的圈子里声名狼藉。

正史里没有柳永的传记，话本小说里他是一个被创造加工了的人物形象。尚可用的是有关于他的野史，但那里也是虚的成分多而实的成分少。他像一个雾中人，我们对他可感者多而能言者少。我们可以感觉到他的多才、他的多情，他的挣扎、他的苦痛、他的无奈，可是我们很难描绘出他人生途程的清晰脉络。这是我们研究柳永其人的一个难点，同时对研究柳词也不能不说是一种障碍。

从现代人研究柳永的著述里，我们可知柳永也是出生在一个诗礼传家的家庭里，幼时的教育，应该使他有一种儒家正统“话语”里的“上进心”，这是他长大后苦苦追求功名的根苗。在那个年代，要实现个人的价值，就只有去取功名。这种求取仕宦而用世的“上进心”倘若是十分专心的，那么以柳永之才以及他所应有的家学，不至于在仕途上一生蹭蹬。他在仕途上的“绊脚石”若从他自己身上找原因，则可以说是他对俗曲小词的那一份痴迷，在当时人看来，他是“薄于操行”，玩物丧志；在我们看来，他的天性决定了他是一个在音乐中得价值的人，而不是一个在官场中得价值的人。就像李后主，他不是政治中人，而是文艺中人。

从有关的资料看，柳永的祖父是个治家很严的人，所谓“以竞严治于闺门”“诸子、诸妇，动修礼法，虽从宦千里，若公在旁。其修身训子，有如此者。”（见王禹偁《小畜集》之《建谿处士柳府君墓碣铭》）其父、叔之孝也是见称于志书的。在这样一个家教正统而严格的家庭里，怎么出了柳永这么一个“薄于操行”的“逆子”而长时间地不能见用于朝廷呢？我们需要分析他为什么被人说成是“薄于操行”。所谓“薄于操行”，大抵是指他的“依红偎翠”，在他年轻的时候，基本上是周旋在歌妓乐工等底层人的圈子里，没有打入文人士大夫阶层的文化圈子里。文人士大夫为文尚能放荡，但为人则尽量谨慎，至少谨慎其表。在“男女”问题上，总是谨慎一些好。

北宋人魏泰在《东轩笔录》卷十中记载了一件事，说张咏在成都时，因为家属不在身边，不得已买了一个丫头伺候他，四年任满回京，他把那丫头的父母找来，出钱帮助人家把那丫头嫁人了，那丫头仍是处女。这当然是夸张咏的，能做到这样四年“守身如玉”，看来是不易为的，要不也犯不上正经八百地把它记下来了。柳永自然不是这类人，他应该算作“多情种子”那一类的人，他多情，又多才多艺，也乐意在秦楼楚馆走动，所以那些以色艺讨生活的女孩子们就很自然也很容易地成了他的朋友。欲知其人，他的交游总可以作参照的，交游的尽是些出卖色艺的女子，那自然会被说成是“薄于操行”了。那么他的男性朋友呢？当然有一些乐工是他的朋友，还有一个可考证的当过高官的人曾是他的“布衣交”，这个人一般被认为叫孙何，（参见《古今词话》和《鹤林玉露》卷十三）今人吴熊和先生对此提出质疑，他在《柳永与孙沔的交游及柳永卒年新证》一文中做了颇详尽的考述，认为柳永的那位“布衣交”是孙沔而不是孙何，其证令人服膺。这个“新证”，关乎柳永卒年的问题，也关乎柳永的那首《望海潮》到底是不是献给孙何的。这我们暂且不谈，我们要说的是这个孙沔，他既然是柳永的朋友，那么他又是一个什么样的人呢？孙沔在《宋史》上是有传的，史称其“跌荡自放，不守士节”；台谏曾奏劾他“淫纵无检”，他即因“喜宴游女色”而坐废多年。后来宋英宗即位后，欧阳修荐其守边有功，才得复用。吴熊和先生说：“孙沔这种放浪奢佚的生活作风，正与被仁宗‘以无行黜之’的柳永十分相似，这或许就是他们二人成为布衣交的因缘之一。”（《词学》第十辑，华东师大出版社1992年，第79页）和这样的人能做朋友，柳永与之或许总有些相似吧。但这总还是小节，柳永为宦时还是颇有政绩的，他著名的《煮海歌》也说明他对国家民瘼的关心。孙沔士行不检，犹做到枢密副使、资政殿学士的高官显位，这是因为他的“才猛过人”，居官以才力著称。柳永也不是没有才力的人，为什么就不行呢？看来除了“薄于操行”，与他的个性和他的出身也有一些关系。

先说他的出身，他的父、叔都是南唐旧臣，后来归了大宋，柳永是入宋以后出生的，生在哪里不能确知。一般认为他是在故乡（即福建崇安县）长大的，今人薛瑞生先生说：“盖其父（柳）宜享年不永，为赞善大夫之后不久即离世，少年柳永无依无靠，即回乡投继祖母虞氏或其叔采、察。”不过他也说：“此系揣测，未敢断言。”（《乐章集校注·前言》，中华书局，1994，第2页）父亲柳宜作为南唐旧臣，入宋后于太宗雍熙二年（985年）登进士第，按唐圭璋先生的考据，柳永是这一年生的（见《论柳永的词》，收在《唐宋词研究论文集》，香港，中国语文学社，1969，第72页）。宋初在用人制度上是有排斥南方士人的现象的，到了真宗时期，晏殊以优异的成绩受到真宗的赏识，可是还差点儿让当时的宰相寇准给压下去，原因就是晏殊为南方人。真宗还算开明，说：“朝廷取士，惟才是求，四海一家，岂限遐迩？”所以晏殊得进。到了真、仁时期，用人制度确有改变，因为统一已近半个世纪，人虽南产，材实宋出。南北混一既久，在用人的取向上重北轻南已没有太大的意义了。但是那种“重北轻南”的用人观，并非一时就可以消除。在统治者那里，用人是关乎兴亡的大事。南唐、西蜀亡国之事，对于真、仁二宗，亦属殷鉴不远。所以仁宗时期的田况在《儒林公议》中说：

> 伪蜀欧阳炯，尝应命作官词，淫靡甚于韩偓。江南李坦，时为近臣，私以艳藻之词闻于主听。盖将亡之兆也！君臣之间，其礼先亡矣。

这个“将亡之兆”，是很吓人的，为什么皇帝一方面喜欢柳永的词，一方面又不让他做官？于此或可得一点消息吧！柳永是南唐旧臣的后代，又喜欢做“艳藻之词”、狭邪之语，这不能不使统治者有所提防。听他的歌曲可以，用他为官，就得考虑考虑了。

如果柳永对他在秦楼楚馆中的艳遇艳情略事遮盖，或至少在遇到“权势话语”的干预时尚知有所收敛，那么他在仕途上的际遇大抵也不会那么惨。可是他偏偏不知遮掩，而且还表现出一种愈挫愈硬的倔强，这是由他的性格决定的。在专制的政治体系中，在下的若不懂得给在上的留情面，那么等着他的就只有倒霉。柳永的性格是太倔强了，太介直了。这可能有他父亲的遗传，他的父亲柳宜，在南唐时以直谏著名。曾做过监察御史，“多所弹劾，不避权贵，故秉政者尤忌之。”（王禹偁《送柳宜通判全州序》）郑文宝《江表志》记了柳宣一则故事，唐圭璋先生认为应该是柳宜的事（见《词学论丛》第596页）。志上记载，为韩熙载事，柳宜上奏李后主，后主不高兴，叱之曰：“汝不是魏征，颇好直言！”柳宜说“臣非魏征，陛下亦非太宗！”这种讲话方式，颇可与柳永的讲话方式作比较：考不上进士，他就在词里说“忍把浮名，换了浅斟低唱！”仁宗说他“且去浅斟低唱，何要浮名？”他就扬言自己是“奉旨填词柳三变”。对皇上这样，对宰相也是这样，为了改官他曾去求晏殊，晏殊不无轻蔑地对他说：你就是那个填词的柳三变吗？他也不客气，回答说：和您一样，我也填词！这种介直的说话方式，这种带着不服气的对上的态度，要想打入官场，当然是很困难的。后来快五十岁了，柳永还是考进了官场，那当然不是像野史上说的，因为他改了名字（即由原来的“柳三变”改为“柳永”），更主要的是他改了他的生活习惯，也改了一些他的个性，所谓“狎性生疏，酒徒萧索，不似少年时”。

至于柳永的词不为文人士大夫圈子所容，这也与他和妓女之间的往还有关系。我们知道，宋朝的文人士大夫与妓女之间的往还也是常有的事，又何独以此轻柳永哉？薛瑞生先生从柳永和其他名公巨卿词人的赠妓、狎妓词的不同而探其源曰：“一为别人写得雅而蕴，柳永写得俗而露。二为别人写后即‘自扫其迹，曰谑浪游戏而已也。’柳永却‘不扫其迹’或‘不能扫其迹’，因其‘骫骳从俗，天下咏之’，又经歌妓传唱，国人皆知，‘凡有井水饮处，即能歌柳词’，即欲‘自扫其迹’而不能。三为别人写得少，柳永写得多。”（《乐章集校注·前言》）另外似还需从古代娼妓制度中的“市妓”与“官妓”的区别中找一点原因。唐代无官吏冶游之禁令，宋代则有之。宋代官吏可与官妓往还，官妓按常规是卖艺不卖身的。那些可称为风流才子的士大夫与官妓的关系，是建立在色艺与才情的基础上的，而非建立在肉欲的基础上。张惠民先生说：“宋代官妓与士大夫官员的交往，有一个最重要的特点，就是制度上规定献艺不献身，这就使二者的感情联结具有对色欲的超越而得以净化和升华，具有发乎情、止乎礼义而合乎儒家伦理规范的雅正的特征，他们之间更多的是精神上的结合和心灵上的共鸣。”“欧阳修《玉楼春》词云：‘人生自是有情痴，此恨不关风与月。’痴情而不关风月，是爱情生活中一种近乎圣洁的境界，是对男女情欲的超越而升华为一种纯精神性的心灵的追求。”“这种近乎圣洁的爱情观念正是士大夫官员与官妓这种超越色欲的纯感情交往的升华和结晶。”“男女之交往，不在风月欢爱而在‘相得’与‘知心’，这正是宋词中士大夫与官妓感情的新质。”（《宋代词学审美理想》，人民文学出版社，1995，第227～229页）当然并非所有士大夫都能有这样的境界的，但是说这形成了那个圈子里的一种理想的观念形式，一种“话语方式”，应该说是不错的。这是一种“雅”，这是文人士大夫的“风流”。而柳永则不是在这

样一个圈子里“风流”的，他这个“风流才子”往还的妓女更多的是“市妓”而非“官妓”。你看他在《合欢带》一首词里写的歌妓形象：

身材儿、早是妖娆。算风措、实难描。一个肌肤浑似玉，更都来、占了千娇。

妍歌艳舞，莺惭巧舌，柳妒纤腰。自相逢，便觉韩娥价减，飞燕声消。

……

这类的歌妓，大多数是市妓，这类歌妓包括入籍的市妓和一些不入乐籍的私妓，市妓与官妓的不同就在于她们向社会各阶层的男人们提供性服务。那么她们唱的曲子里的词，就更多的是以风月悲欢为主要内容了。而且这类的词，也大多不太讲究士大夫歌词里的那种含蓄的手法、诗意的境界，一般是比较直白，比较通俗，是市井间的流行歌曲。市妓的声色服务之职能，决定了她们的歌里少不了男欢女爱的内容，而且是大胆地、不加遮掩地唱出来，这对于擅长遮蔽之功的文人士夫来说，就显得不入道。偷着听、偷着写的未必没有，可明面儿上却决不入伙。所以在文人士夫的“权势话语”里就很少有柳永的地位，面对“凡有井水饮处皆能歌柳词”的现实，他们的看法则是：“彼其所以传名者，直以言多近俗，俗子易悦故也！”（严有翼《艺苑雌黄》）他们认为柳词“大概非羁旅穷愁之词，则闺门淫媟之语。若以欧阳永叔、晏同叔、苏子瞻、黄鲁直、张子野、秦少游辈较之，万万相辽！”（严有翼《艺苑雌黄》）类似的话还很多，不遑枚举，总之是说他为风月所使，又词语尘下。这是柳永虽为词史上一大家而又不为文人士夫所容的一个主要原因。柳永的词在内容上，有着如上所说的与文人士夫的不同，因而在文人士夫那里颇得微词；同时，他的词在形式上、亦即在曲调的选用上，也走着与文人士夫极不相同的道路。他大量地作着篇幅较长的慢词，固然慢词并不肇始于他，敦煌曲子词里已可见唐代就有慢词的歌曲了，但是大量作慢词的，柳永当是词坛上的第一人。晚唐、五代染指作词的士大夫，大多作小令，而对慢词未尝视以青睐。其原因盖如叶嘉莹先生所说，首先是观念问题，“慢词既是仅流行于市井间的俗曲，因此便不免受到了士大夫的鄙薄轻视，而对之不屑一为”；其次是能力问题，“小令之声律多有近于诗者，此自为士大夫所优为，而慢词之曲调则篇幅既然较大，其音律之转折变化，自然便也较小令要困难繁复得多，因此一般对音乐没有什么修养的士大夫，对慢词便除了‘不屑’以外，同时也‘不敢’轻于一试。”（《灵谿词说》第130～131页）而柳永，则按叶先生的话说，却是一位“在观念上既能突破士大夫的迂腐之见，同时在能力上又特别有音乐之特长的作者，所以他才‘敢于’也‘能于’为当时受到士大夫所鄙薄的慢词俗曲来谱写歌词。”（同上引，第131页）因了这“敢于”和“能于”填写慢词，他便在当时与晏殊、欧阳修等一般士大夫词人，有了一种“鸿沟划界”的疏离。

总而言之，不管柳永怎样以其词被政治权力的“话语”和文艺权势的“话语”拒绝排斥着，可是自柳词一出，在宋初词坛上，可以说就形成了俗雅分流之势，柳词作为“流行歌曲”，在词坛上形成了一种不可否认的冲击力，这不只在于他的词能达到一种“天下咏之”（陈师道《后山诗话》中语）的效应，也在于他的影响所及，使得后来文人士大夫的慢词创作也蔚为大观。

春女善怀 用
恨薄情一去，音书无个

下面我们来说他的词。通常我们的印象中，他的词是俚俗那一路的，我们就先说说他这一类的词吧。他有一首曾被晏殊讥讽过的《定风波》是这样写的：

定风波·自春来

自春来、惨绿愁红，芳心是事可可。日上花梢，莺穿柳带，犹压香衾卧。暖酥消，腻云亸，终日恹恹倦梳裹。无那！恨薄情一去，音书无个。

早知恁么，悔当初、不把雕鞍锁。向鸡窗、只与蛮笺象管，拘束教吟课。镇相随，莫抛躲，针线闲拈伴伊坐。和我，免使年少，光阴虚过。

这是柳永代人写的，还是他借想象写秦楼女友对他这个“薄情一去，音书无个”之人的悔恨与怨情？殊难考索。这是写一个女子当他的情郎远去之后的悔与怨，上片写自那人去了，就百无聊赖地“终日厌厌倦梳裹”；下片就写她“悔当初不把雕鞍锁”，大概是那人走时，她还没有意识到这离别的后果是那么地难尝；也可能是因为现在想起来只不过因一些无谓的小事而赌气离散了，到如今寂寞难耐想到的竟都是那人的好处，所以悔恨当初离别得太轻率。她现在想的就是，若他不走，那么他在那儿读书写作，我在他身边伴着他做做针线活儿，只要一直相随，互不离分，这青春的光阴也就不算虚度了。这里面没有什么可以发挥的余地，大不似冯延巳、晏殊、欧阳修的词，这就是人们说的柳永词的浅俗之一路。杨湜《古今词话》记着一则故事说：

宋无名氏《眉峰碧》词云：“蹙损眉峰碧，纤手还重执。镇日相看未足时，忍便使鸳鸯只。薄暮投村驿，风雨愁通夕。窗外芭蕉窗里人，分明叶上心头滴。”真州柳永少读书时，遂以此词题壁，后悟作词章法。一妓向人道之。永曰："某于此亦颇变化多方也。"然遂成"屯田蹊径"。

《古今词话》多小说家言，其记事多不足为凭，然其所谓"屯田蹊径"者，却是后来说柳词者常用的。所谓"屯田蹊径"，就是指柳永作词的路数，其路数给人们的印象是浅俗。

我们再看他几首这一路的词，先说《荔枝香》：

荔枝香·甚处寻芳赏翠

甚处寻芳赏翠，归去晚。缓步罗袜生尘，来绕琼筵看。金缕霞衣轻褪，似觉春游倦。遥认，众里盈盈好身段。

拟回首、又伫立，帘帏畔。素脸红眉，时揭盖头微见。笑整金翘，一点芳心在娇眼。王孙空恁肠断。

这是为一个风尘中的美女子作的一幅肖像画。词中写这女子游春而归，院中早有筵席摆上，或有王孙贵胄慕其名者等待着她的归来。"缓步罗袜生尘"，自曹植《洛神赋》"凌波微步，罗袜生尘"而来，已见其美艳飘荡，仪态万方。而"琼筵"中一"绕"一"看"，行中衣"褪"（谓边走边脱去外衣），色中微"倦"，不经意似的显出"好身段"，亦可想见其体态亦如《洛神赋》中所描写的是“浓纤得衷，修短合度，肩若削成，腰如约素”。又写她回首之迟疑，伫立又欲动，盖头不时揭，眉脸朦胧现；整金翘以弄姿，荐芳心于娇眼，此皆撩拨人心之姿态也。而这令人神魂颠倒的院中美人，则又欲近不能，如《诗经·蒹葭》写的是“所谓伊人，在水一方”，隔物看花，美又在此种距离中更显得扑朔迷离。“王孙空恁肠断”，是如《西厢记》中之张生被崔莺莺“秋波那一转”迷了心窍，求之不得，欲罢不能，故肠断于榴裙之下。亦如《陌上桑》写路人见罗敷而失态，都为侧面描写出那女子的动人心魄来。今人有释此句者曰：“她大概不愿意侑酒，终于翩然回到绣帏中去了。……这里不仅赞美了她美艳的娇姿，也赞美了她高傲的心性。”（见《柳永词赏析集》，巴蜀书社，1987，第41页）似不确。此女子之美艳即其资本，自其来归的一系列举止，皆为美上生美，皆为把人的魂魄拿了去。这个院中女子，在柳永的笔下，真可谓“跃然纸上”了。这类的作品，大抵也可与其品题歌妓的一些词比照着看。

柳永作了不少品题词，如《木兰花》四首，是写心娘、佳娘、虫娘和酥娘四人的；《柳腰轻》“英英妙舞腰肢软”阕是写英英的。写品题词，是要收润笔费的，这是柳永“浪迹”京都时的一笔收入。由此也可知柳永赠妓词多的一个原因。拿人家钱，总要把人家写得好一点，以柳之才，这并不难做到。除了以白描手法写足这些歌妓的魅力，他通常在后面加上一句类似“王孙空恁肠断”这样的话来敲一敲边鼓。如《木兰花》中写心娘则在后面有“王孙若拟赠千斤，只在画楼东畔住。”写虫娘则在后面有“坐中少年暗消魂，争问青鸾家远近。”如《柳腰轻》之写英英后面就有“算何止、倾国倾城，暂回眸、万人肠断。”

秋士易感

多情自古伤离别，更那堪，冷落清秋节

柳永的一些品题歌妓的词，因为有应酬的性质，所以并不都很出色，但是用这种笔法，在有些词里也可谓真是写尽了风尘女子的妖娆。他更出色的还是写他这个“才子词人”与一些青楼女子的爱恋和离情别绪。柳永写男女相思，较前人有了一些改变，他常常是站在男子的角度说话，而不尽是代女子而歌了。也就是说，这类感情的叙写，在他那里，有了一个由“春女善怀”向“秋士易感”上的转变，而使词的发展达到了一个新的开阔的境界。

我们先看他一首《忆帝京》：

忆帝京·薄衾小枕凉天气

薄衾小枕凉天气，乍觉别离滋味。展转数寒更，

起了还重睡。毕竟不成眠，一夜长如岁。

也拟待、却回征辔；又争奈、已成行计。万种思量，多方开解，只恁寂寞厌厌地。系我一生心，负你千行泪！

此为客里怀人之作。“薄衾”一句是交代了一种环境和时间以及由此种环境与时间的交代而造就的一种气氛。因被薄而觉天寒，因天寒而更觉被子的单薄，而此寒与单又正是驿程中人之孤单与冷寂的情绪写照。于是就将全词带入一种孤寞、冷清、无援、愁思的氛围里了。由“薄衾”“小枕”“凉天气”，忽然起离别之愁，这是因为目前的薄被、小枕、凉天，与未别时的温床、鸳被、暖风已成鲜明之比照，在此比照中使主人公不得不承认并接受了“离别”此一种人间极苦痛、极神伤的现实。故“乍觉”让人读着凄恻！“展转”二句是脱胎于《诗经》“展转反侧，寤寐思服”之句，“数寒更”的“数”字用得极好，写出主人公因不成眠而在心中默数着更鼓敲击声的情状。因思念伊人而不成眠，一更更数着更鼓，倏然坐起，颓然倒下，真是睡也不能、起也不能，写出了一个客宿他乡的男子因思念之苦而挣扎于漫漫长夜的情状。长夜长如年，故曰“一夜长如岁”，“岁”固形容夜之长，但由此亦不能不让人联想到这种“毕竟不成眠”的如年之一夜，即别后相思的一夜之用心竟如一年之用心的深重。这实际是由时间之长而写离情之苦、思恋之深，这就将时间与感情连成一处，写时间之长正是写思恋之深、离情之重啊！过片是写离别之后一种心理上的矛盾，亦可作“不成眠”之一夜的心理活动看。“也拟”句，是说在思念的苦痛的折磨下，也打算再回到心上人那里去，人到苦痛之极时，往往有退却心。但是无奈“已成行计”，写出自己已不能左右自己的命运。从今人有关柳永行踪之考辨的著述里，我们知道柳永无论在中进士之前还是之后，都有过离开京都，浮沉州县的踪迹。从他写的一些离思词里看，那离别是不得已的，回去也非易事，他有过“念利名憔悴常羁绊”的话，可见他的不得已里面有很多是为功名谋、为稻粱谋。一个布衣、一个小官，为了做高级一点的“奴隶”，常不得不舍弃爱，舍弃自由。苏洵《上韩丞相书》中说过：“凡人做官，稍可以纾意快志者，至京、朝官始有其仿佛耳。自此以下者，皆劳筋苦骨，摧折精神，为人所役使，去仆隶无几也。”这里活脱脱写出士子奔竞天下之苦。柳永此一句“又争奈已成行计”，写得虽模糊，却极能让人体味出专制社会中的个人绝非自由人，必至将人间最美好之爱情也不得不割舍而被他人他物牵入苦难的旅程。这就给下面数句中的悔恨、惭愧之语打下了一个基础。“万种思量”，言思绪之纷乱；“多方开解”，则言在内心难以禁受思念之苦时，尝试了各种方法去平衡心理。然而这“多方开解”却没有一丝效果，故仍“寂寞厌厌地”。最后两句极动情：“你维系我一生之心事，我却辜负你千行之粉泪。”这是一种惭愧，他在心里默默地念叨着这句话，以求心上人能

够原谅他，而对方的理解在此时就是最能开解他的“万种思量”之法了。

柳永以男子的口吻写离愁真是写得成功，在羁旅行役之中，他写着对他所爱的女子的怀念。他的这类词有一个特点，就是他特别爱写秋天和日暮。面对“树树皆秋色，山山唯落晖”，面对“万叶秋声里，千家落照时”，常让人起一种美好时光逝去的悲凉，若辛弃疾《满江红》中句云：“觉人间、万事到秋来，都摇落！”柳永爱写秋写暮，实际上是这种时节最让他受不了，是最能动他的离愁与思念的。

我们看他的《雪梅香》：“景萧索，危楼独立面晴空。动悲秋情绪，当时宋玉应同。渔市孤烟袅寒碧，水村残叶舞愁红。楚天阔，浪浸斜阳，千里溶溶。”再看他的《曲玉管》：“陇首云飞，江边日晚，烟波满目凭阑久。立望关河萧索，千里清秋，忍凝眸。”都是写清秋，写傍晚。

说到这里，我们就要说他那首同样写秋写暮的著名的《八声甘州》了：

八声甘州·对潇潇暮雨洒江天

对潇潇暮雨洒江天，一番洗清秋。渐霜风凄紧，关河冷落，残照当楼。是处红衰翠减，苒苒物华休。惟有长江水，无语东流。

不忍登高临远，望故乡渺邈，归思难收。叹年来踪迹，何事苦淹留。想佳人、妆楼颙望，误几回、天际识归舟。争知我、倚阑干处，正恁凝愁。

都说柳永俚俗到了淫与亵的地步，可是读了这首词，就不能不让我们从另一个角度去看他了。这也是写秋写暮，写对他所爱的人的思念，可是境界真是开阔、真是高远。所以苏东坡说："世言柳耆卿（永）曲俗，非也。如《八声甘州》之'霜风凄紧，关河冷落，残照当楼'此语于诗句不减唐人高处。"（赵令峙《侯鲭录》卷七）之所以有东坡如此的赞赏，则是因为《八声甘州》一词其景物形象之开阔博大，与其声音气势之雄浑矫健，皆足以传达一种强大的感发之力，这与唐诗的以气象取胜的特质颇为近似。此词的前半首，是以写全景取胜的，就形象而言，其所写的景物极为开阔高远；再加之在此开阔高远的景色中，作者又以"暮雨""霜风""残照"诸字眼，暗示了景色中瞬息不停的自然之变化。除此形象之描写极动人外，作者又以"潇潇""清秋""冷落"等叠字与双声的运用，从声音方面给读者一种极为强烈有力的感受。而此种形象与声音的效果虽纷至沓来，却丝毫不显杂乱，这是因为柳永叙写之层次极有章法，诚可谓大家手笔也！这种种不同的形象和音节，有着一种共同的目的与作用，那就是在自然景色的描写中让人感到一种无常的推移与转变，这就是类于唐诗所传达的那种感发力量。苏东坡以及后来一些词评家称颂柳永此词"不减唐人高处"，当是因为此词境界之开阔、音节之劲健与盛唐诗歌的气象有相近之处。

此词上片末句“惟有长江水，无语东流”，是将上片的写景结住，又为下片抒情蓄势。“无语东流”的长江水，在萧瑟之秋景中是唯一富有生命力的，但江水东流，而游子却不能东归；江水似亦有情，在为淹留异乡的游子黯然神伤，默默流淌。而面对此景，正在“登高临远”的游子就更加难堪，故言“不忍”。这是一层意思，另外，在上片写了自然界的变化之后，在这里是寓有着一种感受的。古人每用流水比喻美好事物的消逝，江水本不能语，而柳永写其“无语”，似是它原本能语，只是现在承载太多太多，已无处可说，已不知从何说起，故惟有默默东流。江水之无语东流，亦是作者面对往日美好事物之流逝的无可言说。盖人之浅愁易说，深愁难言，由此亦可见他登高临水，思往日，好事尽付东流，其愁苦的深重，都暗示在“惟有长江水，无语东流”一句里了。

上片写景，境界开阔，气度不凡，则下片怀人，其情之深沉自有一种根柢。下片可说的是“结构”，所谓“结构”者，就是关系的构建。常说此词写情曲折、细腻、深婉，这除了在上片景中含情以外，专事写情的下片在结构与布局上亦起着很大的作用。他在这里建立了一种关系，即游子的思乡与佳人的盼归。自己的思乡是实写，佳人的期盼是虚写。由于自己思归心切，因而联想到故乡的佳人也一定同样地盼望自己早还家。自己在外漂泊了这样久，佳人自然也一定盼望了这样久。谢朓曾有诗句云：“天际识归舟，云中辨江树。”柳永借用其语，为怀念自己的佳人创造了一个生动的形象，他想象她会常常在高楼上痴痴地望着远方归来的舟船，不知多少次地误认为那舟船里就载着日夜思念的郎君。温庭筠《梦江南》词云：“梳洗罢，独倚望江楼。过尽千帆皆不是，斜晖脉脉水悠悠，肠断白蘋洲。”这可以移来理解佳人长望之情状。末两句又由对方回到自己，他在想，佳人在多次的希望与失望中，一定会深深地怨自己，其实自己都说不清楚在外淹留的意义，又怎能怪佳人的不理解？可是这一份相思是共有的呀！在这里，柳永以双方同写的方式，构筑起一种关系，梁启超就说过它像温庭筠《菩萨蛮》中的“照花前后镜，花面交相应”。即指此词双方同写，有如美女妆成照镜，与镜中形象交相辉映。此种结构法，使得写情虚实有度，转换自然，极能达难达之情。

在前面曾说过，柳永以其明白如话的歌词赢得了青楼歌妓、赢得了市井平民，甚至可以说赢得了天下喜欢听歌的人。他的词是“天下咏之”，是“凡有井水饮处皆能歌柳词”，文人士夫们认为他之所以有这么大的声誉，不过是因为他的“俗”，其实这里面有许多偏见在。柳词在当时的流行，固然“俗”起了相当大的作用；但柳词对后世的影响力，其原因却不能仅以一“俗”字而概言之。词史家往往把柳永创制慢词之功以及那些词调在形式上对后世的影响力说得很足，但常常忽略他那种抒情方式对后世的影响。任何一个大作家，当他有所创制时，一方面在形式上有一种开启之功，为后人拓了路；另一方面，他的作品也就自觉不自觉地成为某种范式，这又不只是艺术手法上有着楷模的力量，甚至其抒发的感情内容也成了一种“范式”。即如上面说过的《八声甘州》，那种“秋士易感”之情，那种对景物描写中所传达的开阔高远之境界，那种“照花前后镜，花面交相映”的双方对写的结构之方式，以及他那种悲秋怀人的丰富的情感内容，都无不作为一种范式、楷模，影响着后来的文学创作；同时作为文学作品，对后来的读者而言，也是一种“情感范式”，作了丰富其情感世界的梯航。我们知道这首《八声甘州》在北宋已世誉不菲了，人们不只喜欢听他的歌，也学着他去作，他的那种范式被称作“柳氏家法”。“柳氏家法”应被看作是俗不伤雅，雅不避俗。他的名篇，大抵都是如此。上面的《八声甘州》是这样，世称柳永《乐章集》压卷之作的《雨霖铃》，也是这样。

我们现在来说他这首词：

雨霖铃·寒蝉凄切

寒蝉凄切，对长亭晚，骤雨初歇。都门帐饮无绪，留恋处，兰舟催发。执手相看泪眼，竟无语凝噎。念去去，千里烟波，暮霭沉沉楚天阔。

多情自古伤离别，更那堪，冷落清秋节！今宵酒醒何处？杨柳岸，晓风残月。此去经年，应是良辰好景虚设。便纵有千种风情，更与何人说。

柳永慢词长调中的优秀作品很多，这首《雨霖铃》应该说是好中之好者，世人称“晓风残月柳屯田”，就是从这首词中取出佳句与柳永其人熔在一起的。这是一首送别词，我们知道，在柳词中，送别与别后之相思是最主要的内容。此词应该说是词中之《别赋》，柳永把江淹《别赋》的精神移在此处，以他的才力，以他的感情投入，写出了柳氏风格。《别赋》是江淹的名作，该赋开篇即言：“黯然销魂者，唯别而已矣。”不管别在春季还是秋季，则“行子断肠，百感凄恻”都是一样的；“居人愁卧，恍若有亡”也是一样的，都是离梦踯躅，别魂飞扬。该赋在最后一段说：“有别必怨，有怨必盈，使人意夺神骇，心折骨惊。”并说即使有绝人之笔，又“谁能摹暂离之状，写永诀之情者乎！”而距江淹近五百年之柳永，在《雨霖铃》一词中，却将此种别状写得让人读之真如江氏所说是“意夺神骇，心折骨惊”了。江淹《别赋》中，所列别状也有万端，其一种情况就是：“龙马银鞍，朱轩绣轴，帐饮东都，送客金谷。琴羽张兮箫鼓陈，燕赵歌兮伤美人，珠与玉兮艳暮秋，罗与绮兮娇上春。惊驷马之仰秣，耸渊鱼之赤鳞。造分手而衔涕，感寂寞而伤神。”柳氏之《雨霖铃》即写此类的别离，用赋法而出之以白话，虽未若江淹的堂皇，可他笔下的别离让人读着更是痛断肝肠，因为这里面有他自己。

江是客观之叙写，柳是主观之感发，故有力。

词的头三句交代时间地点，秋天寒意袭来，蝉声似在哽咽，又经骤雨，雪上加霜。这是写景物，也是写心情，心也冷到极点了。因“骤雨”而有了“帐饮”的小小宽余，“帐饮”而言“无绪”，是此种饮酒原本为消解离愁，但酒入愁肠愁更愁，又有何情绪可言？狂放不起来，欢笑不起来，已完全没有了往日饮酒的心情。而留人之“骤雨”又“初歇”，这“帐饮”之宽余也真是小小，便听到“兰舟催发”。虽然“帐饮无绪”，也还终有一刻的厮守，而当留恋之时，却听得舟船驾者之呼声催去，此一“催”，真如鬼魅勾魂也！到了真要别的时候了，到了不能不别的时候了，二人“执手相看泪眼”，“竟无语凝噎”。别前应有万语千言，可怎么一句也说不出了？不是说不出，是不知从何说起。“念去去，千里烟波”二句，是居者为行者设想，还是行者自己设想？都说得通，不必拘泥。天地之大，前途之渺茫，行者将漂流何处？漂到何时？一切都不可知了。

下片“多情自古伤离别，更那堪，冷落清秋节。”是发议论，也是写心情，人同此情，情同此理，千古皆然。别之不易，而别时又是在冷落之清秋时节，则伤中之伤，恨中之恨也！以议论来扇情，真是让人不忍读。让人不忍读处，正是作者写透之处也！“今宵”二句，又居者为行者设想耶？行者自己设想耶？亦皆可说通。帐饮时固无绪，无绪而饮更醉人，这里接住了上面的“醉”，因而有“酒醒何处”之问。待醒来时，所见者唯“杨柳岸、晓风残月”矣，美人与自己已天各一方。柳永的词，较他以前的婉约一派的词人，有他一己之特殊的一个地方，就是上面我们也曾说过的他的词中出现了一些高远的景物，词已不囿于闺房怨叹，而写出了户外，这里面应该有一点受韦庄的影响，韦庄就已是“残月出门时”了。而柳永又有所开拓，即他的词在那户外山水景物的描写中，又结合着他的志意，结合着他的志意的追寻与落空。上片之“千里烟波，暮霭沉沉楚天阔”，这里的“杨柳岸，晓风残月”，是景物，也是心情，是景物之渺邈、景物之凄冷，也是心情之渺茫与心情之凄迷也。“此去经年”以下至结尾，人多谓是设想居者离别后的情况，有情人一别，则好时光也尽去，一切的良辰好景，都与自己无关了。这也如江淹《别赋》中所说是：“居人愁卧，怳若有亡。日下壁而沉彩，月上轩而飞光。见红兰之受露，望青楸之离霜。巡曾楹而空掩，抚锦幕而虚凉。”一切都因离别而大大改变，此非物之变，是心情不似从前矣！柳永真是工于言情，其写法，其感情之张露法，成为后人的范式，两宋及后来的送别词中，都能找到此词的影子。

柳永的词，我们一般认为，他是多写婉约那一路的，但我们上面也说过，在他的婉约一路的词里已经写出他一己之特色，那就是他的婉约词已从闺房怨叹的藩篱中冲了出来，写到了户外，写了一些羁旅之愁，写了一些高远的景物，写出了一些气象。

柳永不只是写两情缠绵、别绪离情这类婉约词十分成功，他的吟咏景物、咏史怀古一类的词也写得很出色。

我们先看他一首吟咏景物的《望海潮》：

望海潮·东南形胜

东南形胜，三吴都会，钱塘自古繁华。烟柳画桥，风帘翠幕，参差十万人家。云树绕堤沙，怒涛卷霜雪，天堑无涯。市列珠玑，户盈罗绮，竞豪奢！

重湖叠巘清嘉，有三秋桂子，十里荷花。羌管弄晴，菱歌泛夜，嬉嬉钓叟莲娃。千骑拥高牙，乘醉听箫鼓，吟赏烟霞。异日图将好景，归去凤池夸。

这是柳永咏杭州的名作。在说这首词之前，想先就有关此词的两种史料作一点说明。第一种是《岁时广记》卷三十一引《古今词话》说："柳耆卿与孙相何为布衣交，孙知杭州，门禁甚严，耆卿欲见之不得，作望海潮之词，往谒名妓楚楚曰：'欲见孙相，恨无门路。若因府会，愿借朱唇歌于孙相公之前。若问谁为此词，但说柳七。'中秋府会，楚楚婉转歌之，孙即日迎耆卿预坐。"（又，《鹤林玉露》卷十三亦记："孙何帅钱塘，柳耆卿作望海潮词赠之。"或转述于《古今词话》耶？）今人考证，此词为柳永漫游江南时所作，时孙何已死三十余年了。（参见徐凌云、龚德芳《柳永〈望海潮〉非为孙何而作》，载《文学遗产》

1983年，第3期）前面我们说到过，吴熊和先生考证此词是为孙沔作的。薛瑞生《乐章集校注》的前言里也是这样说的。他们的说法对于研究柳永的生平十分有意义，但对于赏析这首词，意义并不大。柳氏写“千骑拥高牙”，写“异日图将好景，归去凤池夸”，也未尝不可以理解为他是泛泛而言达官贵人对西湖美景之吟赏，以及对杭州的难以割舍，即便升擢到中央，也要带去一幅杭州的图画炫耀于同僚。而这种达官之“吟赏”，又与平民之“嬉嬉”相并言，写出在杭州美景面前，无论达官还是平民，都会心迷神醉。这是关于第一种相关史料的说明。第二种相关的史料即是罗大经在《鹤林玉露》中的又一层描述：“此词流播，金主亮闻歌，欣然有慕于‘三秋桂子，十里荷花’，遂起投鞭渡江之志。”好像金主完颜亮“遂起投鞭渡江之志”，罪在柳词。这种说法如果为了夸张柳词的艺术魅力不为不可，若说金主的动机如此，便只可作野语村言读了。

为此词作这两点说明，是为了在解说这首词时有如下两点认识：①此词是纯写杭州的湖山之美与物阜民康的，至少在赏析它时，不必考虑这是干谒奉酬之作。②此词可谓“承平气象，形容曲尽”（陈振孙《直斋书录解题》中语）；“序事闲暇，有首有尾，亦间出佳语，又能择声律谐美者用之”（王灼《碧鸡漫志》中语）。其艺术魅力极强，虽不关乎金主完颜亮，亦令人读之心往神驰于钱塘美景。那么我们来看看他是怎样描绘杭州的：

上片头三句，擒题而入，气势博大。“东南形胜”，谓地理位置之优越；“三吴都会”，谓经济文化之会萃；“钱塘自古繁华”，谓历史赋予的评价。这是就大处说。下面“烟柳”三句，写巷弄街衢的人家；“云树”三句，是说城外钱塘江畔的景物，一内一外，已写出人物邑居之繁，山水登临之美。至“市列珠玑”二句，则又写出三吴都会的贸易之繁荣，人民之富庶。令人想见市肆间的珠光宝气，斑驳陆离；丝红绸绿，色彩纷呈。上片不写西湖，只总写杭州；下片则着重写西湖，把杭州之美的描写推向高潮。“重湖”，谓西湖以孤山为界分为前、后湖；“叠巘”，谓西湖三面环山，层峦叠嶂。桂花、荷花，是西湖的代表花卉，夏之荷，秋之桂，为西湖美景添了风采与芬芳。写过景，转而写人，醉人美景，羌管菱歌，钓叟莲娃，一幅国泰民康的游乐图。也真是“太平日久，人物阜康，垂髫之童，但习鼓舞，斑白之老，不识干戈。”（孟元老《东京梦华录·序》中语）。不仅平民如此沉迷于良辰好景，就是达官贵胄，公退之暇，也是“乘醉听箫鼓，吟赏烟霞”。就是那些将要升迁的官员们，也对这湖光山色不忍轻离，也要画成图卷，带往京城。我们看，柳氏笔下的杭州人，让别人看了也的确有天堂神居之感啊！由此我们也知道，柳永不只是写离情别绪、男欢女爱的能手，他写景物人伦，也是出类拔萃的。读他的《倾杯乐》“禁漏花深”之写都城元宵盛况，及《迎新春》《抛球乐》《木兰花慢》《玉楼春》等描写都市之繁盛场景与欢乐气氛的词，则谓柳永大笔不亚细笔，似不为过。

我们再看他的一首咏史的《双声子》：

双声子·晚天萧索

晚天萧索，断蓬踪迹，乘兴兰棹东游。三吴风景，姑苏台榭，牢落暮霭初收。夫差旧国，香径没、徒有荒丘。繁华处，悄无睹，惟闻麋鹿呦呦。

想当年，空运筹决战，图王取霸无休。江山如画，云涛烟浪，翻输范蠡扁舟。验前经旧史，嗟漫哉、当日风流。斜阳暮草茫茫，尽成万古遗愁。

此词不只在柳永的《乐章集》中，就是在宋人词中，也称得上是一首咏史的绝唱。在这里，柳氏写了游姑苏城，起一种黍离之悲，慨叹于繁华荒芜、沧海桑田的变化，看透了图王取霸之无谓，更羡慕范蠡的急流勇退、逍遥五湖。人生的价值不只在于争个霸王名，更在于经沉思而寻找到自己在世界上最恰当的位置。儒与道的两种价值观总在中国文人心中交错着，柳永命运多舛，在其尝尽人生甘苦之时，自然更倾向于富有道家意味的范蠡。作为一首咏史词，在柳集中这也应该算是一首“不减唐人高处”的词了。柳氏怀古，有感而发，自伤而怀古，怀古而自伤，一己之身世与历史之流融为一处。盖聪颖人知己则知史，知史则知己。无一己之万种苦难、昨是今非的体验，则遑论对历史变迁、沧海桑田之敏感？此词读过，则知已开苏轼“大江东去”词之先河也，东坡之不能尽讥柳氏，或亦以此哉？六是此词，尽去“绮罗香泽之态”，或因柳词特长在儿女情长、风云气短，故通常选本不录此词，因而知之者甚少。近世选李清照词者多选所谓“绝似苏、辛派，不类《漱玉集》中语”之《渔家傲》“天接云涛连海雾”阕，而选柳词者却多不选此可作为后来苏轼一派“初发轫”之作的《双声子》，这是因为选家都认为柳永不过是一个“披风抹月”的作家。柳氏固然是一个披风抹月的作家，而以披风抹月之手，竟能写出此《双声子》，则别的披风抹月的作家毕竟是做不到的。从上面说的《望海潮》和这首《双声子》看，可以说柳永拓宽词境，触角旁出，没有柳永，不知有宋词坛究有苏、秦、周、辛者乎？

《乐章》一半是征尘

未名未禄，绮陌红楼，往往经岁迁延

柳词在内容上多写儿女情长一类的东西，而亦有所开拓，摹写风物，吟咏史迹，亦足可称。在艺术表现手法上，其主要的特色是白描和铺排。上面我们说过的那些长调里都可以看出此一特色，下面我们再看他的两首词，体味他的铺排之功，以结束柳永词说。

先看一首《夜半乐》：

夜半乐·冻云黯淡天气

冻云黯淡天气，扁舟一叶，乘兴离江渚。度万壑千岩，越溪深处。怒涛渐息，樵风乍起，更闻商旅相呼，片帆高举。泛画鹢、翩翩过南浦。

望中酒旆闪闪，一簇烟村，数行霜树。残日下、渔人鸣榔归去。败荷零落，衰杨掩映，岸边两两三三，浣纱游女。避行客、含羞笑相语。

到此因念，绣阁轻抛，浪萍难驻。叹后约丁宁竟何据。惨离怀、空恨岁晚归期阻。凝泪眼、杳杳神京路。断鸿声远长天暮。

柳永是写长调的能手，此一百四十四字的长词，在他笔下，开合有度，意序不乱。词分三叠，第一叠写驾舟南下，经万壑千岩之溪濑激湍，而至风平水静之南浦。人或以为此叠笔触轻松，实不然。首句“冻云黯淡天气”，已将此词的气氛放在一种不平静之中了。“扁舟一叶”，谓行程孤独；所谓“乘兴”，不是王子猷雪夜访戴安道的那种“乘兴而来，尽兴而返”的“乘兴”，“乘兴离江渚”，有一种志意的追寻在，可是我们把词读到最后，便知道这追寻也还是一种前途难料、一片茫然。第一叠实际上有一种去国离乡、天涯孤旅之象征。第二叠写岸边的景致，“望中”所见也。这所见一方面是景物之凄凉，如霜树、残阳、败荷、衰杨，这也与第一叠之“冻云黯淡天气”的气氛相合。另一方面的所见，则是能够慰藉疲顿之旅客的有温馨意味的酒旗、烟村、渔人、浣女，而那些浣纱游女的含羞笑语，却又勾起了作者对京都绣阁中的情人的思念，可是他无法回去，两处风情，万重烟水，利名的追寻，成了情爱的大障碍，这是柳永个人无力排除的。他忘不了佳人的叮咛，那叮咛也许如韦庄《菩萨蛮》中所写的："劝我早归家，绿窗人似花。"他也可能向她保证过早早回家，可是归期连他自己都不能确定，所以才有"后约丁宁竟何据"之叹。这与他在《尾犯》中所写"佳人应怪我，别后寡言轻诺"的心情是一致的。凝泪眼，不堪回首神京路，孤雁鸣，声声如割肺腑，以此作结，痛断肝肠。我们看他一叠一叠地铺排开来，最后把情结在景里，意味深长。

再看他的《戚氏》：

戚氏·晚秋天

晚秋天，一霎微雨洒庭轩。槛菊萧疏，井梧零乱，惹残烟。凄然，望江关，飞云黯淡夕阳间。当时宋玉悲感，向此临水与登山。远道迢递，行人凄楚，倦听陇水潺湲。正蝉吟败叶，蛩响衰草，相应喧喧。

孤馆，度日如年。风霜渐变，悄悄至更阑。长天净，绛河清浅，皓月婵娟。思绵绵，夜永对景，那堪屈指，暗想从前。未名未禄，绮陌红楼，往往经岁迁延。

帝里风光好，当年少日，暮宴朝欢。况有狂朋怪

老树

侣，遇当歌、对酒竞留连。别来迅景如梭，旧游似梦，烟水程何限。念利名、憔悴长萦绊。追往事、空惨愁颜。漏箭移、稍觉轻寒。渐呜咽、画角数声残。对闲窗畔，停灯向晓，抱影无眠。

在词调中，除了《莺啼序》之外，《戚氏》是一种较多字数的词牌了。词分三叠，极利于铺排，柳永又最善铺叙，在此词中他描述了一个“孤馆，度日如年”的漂泊客，面对微雨疏菊夕阳残烟的惆怅。他敏感地觉到秋的凄凉、世态的凄凉，他检讨着人生旅程中的悲欢离合，他慨叹于时如逝水一事无成。他像一个疲惫的旅客，心力交瘁，他禁受不了庭轩微雨，萧疏槛菊，零乱井梧，衰草寒烟，以及一望江关之凄然，飞云黯淡夕阳间。这就像宋玉悲秋所赋：“悲哉，秋之为气也！萧瑟兮，草木摇落而变衰；憭栗兮，若在远行，登山临水兮，送将归。”（《九辩》）至于蝉吟于败叶，蛩响在衰草，更是作者心绪的写照。正因心绪不佳，才更敏感于蝉、蛩之声的凄惨。第一叠景物描写中已含情绪之渲染，第二叠则由“孤馆，度日如年”直写个人的孤独感与对往事的回忆，在他的回忆中充满着“未名未禄”与“绮陌红楼”这一对可叹又难忘的现实。第三叠是对这一对现实之回忆的展开：暮宴朝欢、狂朋怪侣、对酒当歌，使他度过了快乐的青春，他无法否认那一段倚红偎翠的生活是他最难忘的好光景；但同时，他也因此而失去了得名获利的机会。他在情场歌场酒场舞场称得上是“普天下郎君领袖，盖世界浪子班头”，但在官场、名利场上，他却是一个失意者。尽管他也曾说：“忍把浮名、换了浅斟低唱。”但他生活在那样一个官本位的社会里，一切的人生价值都要在名利场上进行衡量，作为一个文人，他不能不在乎利与名，在那样一个社会里，不在乎利与名，就意味着不与统治者合作，也意味着无视个人的价值。柳永自不能跨越此一历史的制约，所以他才有“追往事、空惨愁颜”之叹。他之所以思前想后，抱影无眠，实在是因为他不甘心这一生空荡荡，但他利名上的空荡荡，却换来歌坛上的声名百世，这在柳永，应是无憾了。而在他的一些词里却每有此种抱憾终生之言，这自应归于他过分地将个人的价值观融入他人的价值观中。在柳永，是因为他生活在那样的时代他不能不那样想；在吾人，于理解柳永之余，则应思考专制时代不允许柳永及一切人有独立之人格，柳永之人格悲剧，正是专制主义者以“使人不成其为人”之手导演成功的。怀才不遇，是千古以来文人在文艺作品里发牢骚的主要原因，不被统治者所用，就失去了个人的价值，这无论是作《离骚》的屈原还是作《戚氏》的柳永都不能超越的一种观念，从这个意义上说，“《离骚》寂寞千年后，《戚氏》凄凉一曲终”（王灼《碧鸡漫志》引“前辈”诗句）的说法，是有其一定的道理的。

“《戚氏》凄凉一曲终”，这话说得也真是凄凉，柳永也在凄凉中了却了他的一生。他是在什么时候去世的？说法也是不一的。唐圭璋先生说是在仁宗皇祐五年（1053年）；吴熊和先生新证说应较唐圭璋先生的说法再推迟一二年（《词学》第十辑，第80页）；而薛瑞生先生则推测柳永可能活到英宗嘉祐八年（1063年），那么柳永去世时快八十岁了（参见《乐章集校注》之“前言”）。各说皆有依据，一时也难以确定。但是他晚景凄凉，死得也凄凉，所以后来有传说是歌妓们花钱把他埋葬的，她们还在每年的清明节到他的坟上纪念他，谓之“吊柳会”。柳永事迹虽不见经传，但他活在后世的传说里，小说、戏剧都说着他的故事，他活在民间，在民间永生。

有句无篇的张子野

张子野的词里用“影”字的很多，如“云破月来花弄影”“娇柔懒起、帘压卷花影”“柳径无人、堕风絮无影”“隔墙送过秋千影”。还有《千秋岁》中之“夜过也、东方未白凝残月”；《醉垂鞭》中之“昨日乱山昏，来时衣上云”，都是让人读了就忘不了的。但是子野词通篇皆好者并不多，所以我说他是“有句无篇的张子野”。李清照也说他“虽时时有妙语，而破碎何足名家？”

瘦硬“郎中体”
隔墙送过秋千影

张先（990—1078），字子野，乌程（今浙江吴兴）人。天圣八年中进士，做过县令一类的小官。他是个长寿词人，在北宋虽称不上大家，却也是一个颇具声名的词人。其词秉承五代遗绪，规模虽隘，气格近古。他擅长小令，亦作长调，而长调却常用小令作法。这也可能就是人们说他是个“古今一大转移”者的原因吧。现在也有人说他是个“桥梁”式的作家，说是晏、欧与柳、苏之间的桥梁，似不能这么说，所谓“桥梁”者，当有人从上面过的，柳、苏似非通过他张子野才由晏、欧而变成柳、苏的，他们走的是别的路，与张子野似无涉的。张子野自己有一点“转移”，这话还说得过去。陈廷焯说：“自子野后一千年来，温、韦之风不作矣。”（《白雨斋词话》卷一）这话说张子野，还不如说晏小山更合适。张子野的词中有很多好句子，时人称之，他自己也很得意，如《苕溪渔隐丛话》前集卷三十七引《古今诗话》云：

> 有客谓子野曰："人皆谓公'张三中'，即'心中事''眼中泪''意中人'也。"公曰："何不目之为'张三影'？"客不晓。公曰："'云破月来花弄影''娇柔懒起、帘压卷花影''柳径无人、堕风絮无影'，此余平生所得意也！"

他的词里用"影"字的很多，除了上面他自己说的，还有"隔墙送过秋千影"，也是不错的句子。还有《千秋岁》中之"夜过也、东方未白凝残月"；《醉垂鞭》中之"昨日乱山昏，来时衣上云"，都是让人读了就忘不了的。但是子野词通篇皆好者并不多，所以我说他是"有句无篇的张子野"。李清照也说他"虽时时有妙语，而破碎何足名家？"

溶溶有温情
不如桃杏、犹解嫁东风

我们现在来说张子野的两首词，先看他的《一丛花令》：

一丛花令·伤高怀远几时穷

伤高怀远几时穷？无物似情浓。离愁正引千丝乱，更东陌、飞絮濛濛。嘶骑渐遥，征尘不断，何处认郎踪？

双鸳池沼水溶溶，南北小桡通。梯横画阁黄昏后，又还是、斜月帘栊。沉恨细思，不如桃杏，犹解嫁东风。

关于这首词，有一则故事说，张子野曾与一小尼有私约，但老尼性严，不得自由。小尼每卧于池岛中一小阁上，等到夜深人静，小尼潜下梯与张子野相会。后来张子野要远走了，他不胜其情，就作了这首词以道其怀。(《绿窗新话》引《古今词话》) 这类“本事”常不能轻信，可也很难说绝对没那么回事。所以他姑妄言之，我们姑妄听之就是了。这是以女子之口吻写“伤高怀远”之意绪的，“无物似情浓”，写得极率直。张子野另有《木兰花》词句云：“人生无物比多情，江水不深山不重！”可与此句同读。“离愁”二句，将离愁与柳的“千丝乱”合说，更加上“飞絮濛濛”，极言愁绪之难解难说。“嘶骑”三句点出与情郎分别，从此天各一方，不得消息。

下片“双鸳”句，写徘徊池边所见，“双鸳”衬自身之孤。有双鸳在，故水也显得溶溶有温情，这也正照出自己之凄苦冷落。南北小桡（船）来来往往，写人有人的世界，己有己的世界，心境自不同，船自通而心不通，无人会此离人之意，此又使孤独更加深一层也！“梯横”，则不下楼矣，因人已去了。躲在小楼里，只剩下独独地对着冷月斜辉，愁夜难捱了。其实哪止此夜难遣？实在是夜夜难遣也！“沉恨细思”，凝结着千钧之力，皆因有上面数句垫底，直逼出末句“无理”之言：“不如桃杏，犹解嫁东风。”贺裳说这句词“无理而妙”（《皱水轩词筌》），所谓“无理”，即不合日常逻辑；所谓“妙”，则是因为通过此无理之表白，极见情之挚烈。从此意义上说，这种“无理”是更高一层的合理。传说欧阳修极爱重此句，称张子野为“桃李嫁东风郎中”（参见《过庭录》）。子野在这里把女主人公对爱情之诚挚和执着，对青春之珍惜，对幸福之向往，对无聊生活的抗议，对美好事物的追求，都一并在“桃李嫁东风”中写出了。

艳歌冶语开声面 云破月来花弄影

再看一首张子野的名作《天仙子》：

天仙子·水调数声持酒听

水调数声持酒听。午醉醒来愁未醒。送春春去几时回？临晚镜。伤流景。往事后期空记省。

沙上并禽池上暝。云破月来花弄影。重重帘幕密遮灯，风不定。人初静。明日落红应满径。

此词作者有小序云："时为嘉禾小倅，以病眠，不赴府会。"嘉禾是现在浙江的嘉兴，"倅"指副职，是州县的佐贰之官。张先在嘉禾做判官时是仁宗庆历元年（参见夏承焘《张子野年谱》），那年他五十二岁。故此词为临老扶病时的伤春之作，自与少男少女之伤春不同。"水调"是曲名，此处泛指歌曲，持酒听歌，令人想到曹孟德之"对酒当歌，人生几何？"已有伤老情绪的流露了。第二句"愁未醒"之"愁"，非新愁，是深愁也。"送春"数句，伤流年也，黄蓼园所谓"伤流光易去，后期茫茫也。"（《蓼园词选》）临老之人的感慨，都在"送春春去几时回"这一问中了。"临晚镜"一句，可与杜牧《代吴兴妓春初寄薛军事》中"自悲临晓镜，谁与惜流年"一句比较，"晚"与"晓"自不同，杜句有"如花美眷，似水流年"之感；张句则是有"巾发雪争出，镜颜朱早凋"（王安石）之感。往事成空，后期无定，流光堪嗟，人事堪悲，老年心态，于此可见。

下片"沙上并禽池上暝"，一个"暝"字，已无青春时的生动。"云破"一句，是千古传诵的名句，其好在"心与景会，落笔即是，着意即非，故当脍炙"（《草堂诗余正集》）。这是情景交融的好句子，张子野以这类好句子多而名扬天下。他自己颇得意于那个“影”字，其实在这里，“影”字倒不足为奇，奇的是那个“弄”字，王国维说这一“弄”字，境界全出，确为高人卓论！此“弄”字与“云破”之“破”字，这两个动词，不单写出当时有风而且为下面的“风不定”做了铺垫，更重要的是在说完“沙上并禽池上暝”的沉寂之后，写因风而破云见月，而见花影之摇曳，是说此一世界尚未完全死灭，也写出一个病中的临老之人心底还有的那一份希冀，尽管这可能只是一霎的微茫。“重重”数句，又转悲戚，写一重重帘幕把自己连同那一点点灯火的光明包裹起来，他不忍看那弄影之春花在刚刚给他带来一点美意时就变成无数落红掷入铺路之沙石，前景不堪设想，明日不敢再向园中行了。这就极细腻地写出了一个临老的人的那种自信心渐渐失去的情态。词之好，不只是描绘出了此种心态，而且还在此种真实的描写中，唤起读者极强的会通的感动。

《花间》『遗老』晏小山

晏小山虽是走“花间”艳情词那一路，但他不是往“腻”里作，不是“腻水染花腥”，他是一手挽住衰老了的颓废，努力地回到健全的欲望和诗意的情感。他是在“花间”的路上自赎“花间”的“罪孽”，他把“花间”的“污浊”洗净了，使得“花间”这一路的艳情词“纯粹”起来。遥遥者易折，皎皎者易污，他把“花间”作到了极精美之处，也作到了极脆弱之处。

小山有家风
绮筵公子，绣幌佳人

晏几道（约1030—1106），字叔原，号小山，是晏殊的小儿子。他出身宦门，却不喜欢结交权贵，故仕途不顺；他性格孤傲而绝假纯真，不从俗流。从并不多的有关晏小山的史料看，他很有些贵族气，他的父亲晏殊是有富贵气，但不是贵族气，他是贵族气。他是相国公子，但不是“纨绔子弟”那类的公子哥儿。黄山谷在为他的词集作的序中谈到他有“四痴”，即：“仕宦连蹇，而不能一傍贵人之门，是一痴也；论文自有体，而不肯一作新进士语，此又一痴也；费资千百万，家人寒饥，而面有孺子之色，此又一痴也；人百负之而不恨，己信人，终不疑其欺己，此又一痴也。”从这里看，他是个很纯净的人，可是在那样一个并不纯净的社会里，他显得有些不合时宜。但是他不管这些，他是躲进小楼成一统，他生活在自己的世界里。他读书很多，平生潜心六艺，玩思百家。家里藏书甚丰，他的妻子就怕搬家，说他们一搬家就像“乞儿搬漆碗”一样。（《墨庄漫录》）读得多，想得多，持论就高，但他并不以此沽名钓誉。他最喜欢的是作词，和二三知己聚饮时，听朋友家的歌妓唱他的词，这是他的赏心乐事。他的词虽是让歌妓们唱的，但不是柳永那类的俗曲，而是寓以诗人句法，清壮顿挫，能摇动人心。黄山谷说："至其乐府，可谓狎邪之大雅，豪士之鼓吹。其合者《高唐》《洛神》之流，其下者岂减《桃叶》《团扇》哉！"这是说他的词还是以"雅"作中主的，其上者，一片神行；其下者，也是春情摇曳，思致清醇。小山词的题材比较单一，基本是"花间"一路，间浸南唐遗绪，当时人说他有乃父之风，其实他与其父晏殊自有不同，他的词要比他父亲的词苦多了。把身世之感并入艳情，又岂待后来之秦少游？小山已作前导矣。

小山走"花间"路，有他一己之考虑，他认为"感物之情，古今不易"，他认为"篇中之意，昔人所不遗，第于今无传尔。"（见《小山词》自序）他是要保留一些传统的，这种对传统的情有独钟，也算其"贵族气"的一面。在他那里，词还是"绮筵公子，绣幌佳人，递叶叶之花笺，文抽丽锦；举纤纤之玉指，拍按香檀"（《花间集序》）式的事情，他作词，是要为乐府"补亡"，因为"世之歌词不足以析酲解愠。"实际上他是伤世之歌词离本色越来越远了，他要保有词之本色的纯度，要"玩"这东西，就不能把它"玩"偏了，这也是贵族气度。所以我说他是"花间遗老"，不能说他没有一点超越，但他更主要的是把"花间"一路的词作到不能再作的地步。遥遥者易折，皎皎者易污，他把“花间”作到了极精美之处，也作到了极脆弱之处。“遗老”们往往倔强地保护着传统、强化着传统而使传统精美至极、脆弱至极，传统经了他们的一番努力之后，便成了只可以观赏而不能触摸拿动的一种民族的、历史的收藏。吾于小山之于“花间”亦云。

读小山的词，真是觉得他有才气，他的那些句子真是美丽；美丽而又灵动，是美丽的一往情深。况周颐在其《蕙风词话》里以花设喻，说晏殊的词像牡丹、小山的词就像文杏。杏花资质艳丽，亦不乏妖冶，但是要看它长在什么地方，山野废屋间猛然见得一树开得正烈的杏花，就总觉得那是妖精变的。而置之亭台院落，则沐浴富贵温柔之风，却又有一种没落的妖娆。小山词似是这样的。

思短情长

琵琶弦上说相思

我们现在看晏小山几首词，先说一首《采桑子》：

采桑子·西楼月下当时见

西楼月下当时见，泪粉偷匀。歌罢还颦。恨隔炉烟看未真。

别来楼外垂杨缕，几换青春。倦客红尘。长记楼中粉泪人。

俞陛云《唐五代两宋词选释》说这首词“不过回忆从前，而能手写之，便觉当时凄怨之神，宛呈纸上。”晏小山的小令，很多都是这类“回忆从前”的词，这里面有一些是美好的回忆，有一些则是凄怨的回忆，此词属于后者。“西楼月下当时见”的女子，是一个凄怨中的女子，“粉泪偷匀，歌罢还颦”，她是在一种强作欢笑而掩不住苦痛的情境里。她的容貌，当时是因为炉烟相隔未见真全，可她那一份凄怨，却实在是被作者感觉到、铭记下了。我们现在来感觉一下晏小山，他写的是“花间”那一路，但他不是“花间”词人，他是“遗老”，他要把“花间”“玩”到家，“玩”出意味来。所以他又与“花间”不同，不同在什么地方呢？“花间”艳词写的有时往往是一种极为世俗的现实的情欲，而小山写的却常常是一种诗意的和善感的欣赏。他感觉到那女子的一份哀婉，诗化于他的记忆里了。而当其成了“红尘倦客”，在楼外垂杨几换青春之后，其身世之感，亦增强了他的那一份记忆。他对那个歌女的那一份哀婉的记忆里，除了对她的同情之外，亦未尝没有对自己的一份怜悯。“长记楼中粉泪人”，是由那“粉泪人”也悟到了人生蹭蹬、世态炎凉之真意。己无忧则无以知人之忧，己无怨则无以知人之怨，当自己尝尽人生五味，那“粉泪人”就成为一种苦痛的象征长存于记忆里了。苦痛，感觉起来不是一种好滋味，而苦痛的意象写出来，那常常是一首好诗。

回忆占了他的词中很大的篇幅，就是到了他编辑自己的词集时，他也仍旧沉浸在他的记忆里，他说：“考其篇中所记悲欢离合之事，如幻、如电、如昨梦前尘，但能掩卷怃然，感光阴之易迁，叹境缘之无实也。”

我们再看他一首著名的《临江仙》，这也是写回忆的词：

临江仙·梦后楼台高锁

梦后楼台高锁，酒醒帘幕低垂。去年春恨却来时。落花人独立，微雨燕双飞。

记得小蘋初见，两重心字罗衣。琵琶弦上说相思。当时明月在，曾照彩云归。

这是他的一首名作，他在为其词集作的自序中曾说：“始时，沈十二廉叔、陈十君宠，家有莲、红、蘋、云，品清讴娱客。每得一解，即以草授诸儿，吾三人持酒听之，为一笑乐而已。”此词当是回忆小蘋之作。首句写楼台高锁，帘幕低垂，一种凄寂无人的孤独感已见出。按俞平伯《唐宋词选释》云：“梦后”与“酒醒”是互文；“楼台高锁”是从外面看，“帘幕低垂”

是就里面说，是一个地方两种角度的写法，也是"互文"。"去年春恨却来（即又来）时"，是一种时间流动的写法，时间是由去年流向今日，实际上也是"春恨"由去年延续到今日。所以俞平伯先生说，"去年春恨"是较近一层的回忆。但俞先生将"落花人独立，微雨燕双飞"也说成是去年时的情境就颇不切近词意了。"落花人独立，微雨燕双飞"是"去年春恨又来时"的情境，春恨自然仍如去年，而时间却已流到今日了，此盖不可不分辨。俞先生所谓"去年春恨"是较近的一层回忆之说，连同他讲"记得小蘋初见"以下为更远的回忆，都是很有见地的，这样将此词解成了三个时间层面，即：更远的初见小蘋之时，与离别小蘋之后的去年与今日。将那种美好情事的回忆，与失去那美好情事之后对小蘋思恋之情的绵绵不断，尽皆呈现于笔端了。但因俞先生误将"落花"二句归如"去年"，便惹出一些麻烦，吴世昌先生《词林新话》就提出非议。但吴先生的评说亦有欠妥之处，若他说："去年之事，即下片初见小蘋情绪，与'更远'无涉；'落花'一联乃酒醒情事，非回忆去年之事，若是去年之事，则应与小蘋并立，非'独立'矣。"这一段话中，论"落花"一联是切中肯綮之语。其他诸言，意为"去年"即是与小蘋同在之时，似不确。如果把俞、吴而说删繁就简，则可见词中写了自与小蘋初见以来时间流程上的三个点，即：初见时和离别后的去年与今日。"落花"二句，是用唐末诗人翁宏《宫词》里的成句，其妙在"拈置此处，衬副得宜"（唐圭璋语）。翁宏原作中有此二句却不得名，小山完全搬来，却千古传名，其原因概如俞平伯先生所言：第一，乐府向例可引用诗句，所谓“以诗入乐”，如用得浑然天成，恰到好处，评家且认为是一种优点。第二，诗词体性亦不尽同，有用在诗中并不甚好，而在词中却很好的……第三，优劣当以全篇论，不可单凭摘句。（见《唐宋词选释》第87页）善用唐人诗句，这是小山词的一个特色，又如其《生查子》之“无处说相思，背面秋千下。”“背面秋千下”是李商隐的成句，用在这里亦极好，还有他的《浣溪沙》中之“户外绿杨春系马，床头红烛夜呼卢”，也是唐人诗句，不过只易二字而已，却比原诗好了许多。后来的贺铸、周邦彦亦多用唐人句，周多隐括用之，而贺之用，尝被人讥为“偷句”。小山岂非“偷”耶？善偷而已矣！善偷无痕迹，且常点铁而成金，故人不怪也。庄生曰：“窃钩者诛，窃国者侯。”大偷非偷，小山其得于此耶！“落花”“微雨”，在这里境界何其美！“人独立”“燕双飞”，诉情何其苦！这真是撩人情思、动人心魄的好句子，其绝妙处又更待何言？下片叙写平淡中有深情。“心字罗衣”，或指绣有篆书心字花纹的衣服，所谓“两重心字”，盖含有心心相印之意。“琵琶”句，是说苦忆无已，只好将心事付于琵琶弦上，托相思于万一。“当时”二句，写见今日之明月，想到昔日之月下人归。而月仍复是旧时月，人却不似旧时人，人去楼空，彩云（喻人）已散，孤守凄冷，唯可听楼台上琵琶声声，也真堪说是“此恨绵绵无绝期”了。

"花间"意趣
梦魂纵有也成虚，那堪和梦无

离情之苦，也是"小山词"主要的叙写内容，写得真投入，让人不忍读。我们看他的《阮郎归》：

阮郎归·旧香残粉似当初

旧香残粉似当初。人情恨不如。一春犹有数行书。秋来书更疏。

衾凤冷，枕鸳孤。愁肠待酒舒。梦魂纵有也成虚。那堪和梦无。

这首词写得真是苦，这是写别了有情人之后的苦况。离恨是有情人的"癌症"，它让人消瘦，它让人无力，它让人寝食难安，它让人失去生活的意义。"旧香残粉似当初"，只是"人情"变了，可是就因为这"人情"一变，就什么都不似"当初"了。人的魂魄被抽了去，她的那个美丽就没有了根。一个漂亮的女孩因离恨而没了精神，那么她的那个"漂亮"让人看了会哭。"人情恨不如"一句是此词的关键，一切的孤独难耐、愁肠不解的原因，都在于此人情之不似当初了。倘若只是离别，而尚有殷勤青鸟为他们传递信息，倒也聊可解忧。离别后的书信就是治

“病”的良药啊！可是那郎君去后，“一春犹有数行书”，可到了秋天，这书也渐渐地少了……多愁多病之身，本要借那频寄的书信来疗治的，可是这“药”也渐渐地稀了，这无亚于催人速死。

下片专写自己之孤冷。“衾凤冷”“枕鸳孤”，是说原本绣有凤凰的被，绣有鸳鸯的枕是供一双双有情人用的，如今却凤衾独掩，鸳枕孤眠，写出了凄冷孤独的环境与心境。于此环境与心境中，愁肠寸断，也就只有靠酒去舒解了，可酒却真能舒解得了吗？酒固然可以把她带到醉梦里去，见不到她的情郎哪怕梦到呢，即便那是虚幻，也可得一种心理的慰藉呀，可哪想到连个梦也梦不到伊！这就使她原本已坏到极点的心情，更加上了一层失望，真是不堪忍受了！

小山真会写愁苦，层层逼人，怨亦深，情亦深，让你读得透不过气来。

还有一首相类的《鹧鸪天》：

鹧鸪天·醉拍春衫惜旧香

醉拍春衫惜旧香。天将离恨恼疏狂。年年陌上生秋草，日日楼中到夕阳。

云渺渺，水茫茫。征人归路许多长。相思本是无凭语，莫向花笺费泪行！

这也是写离情的词，头两句即点出情郎已去，剩下自己惜往日之情事。“年年”二句以“秋草”“夕阳”此最惹离愁之意象，写女子日复一日、年复一年的苦苦思恋。过片写云水茫茫，不知“征人”（即她的情郎）在哪里。不说她不知情郎在哪里，却问“征人归路许多长”，是她还存着一丝希望，那人还是在归来的路上，他是要回来的，只是他现在走到哪里我不知道罢了。她这是在遮掩，是在自欺，是在用“想当然”来抚慰自己，她是怕说那人已经抛弃了自己，不知走向何方。后面的“相思本是无凭语，莫向花笺费泪行”，也是在遮掩，在自欺，她不说写了书信也没有地方寄，而是说我的“相思”也没有凭据可依，说了他也不一定相信，所以还是不去写吧。她是怕面对这被彻底抛弃的现实，所以她就一日日，一年年地靠着自欺打发着孤独的岁月，我们看到她的开解里有多少的失望，她的自慰里有多少的无奈啊。思极致幻，极幻则极真。小山真是写得到家，“花间”词人岂能望其项背？

梦魂无拘检

从别后，忆相逢，几回魂梦与君同

最后我们再看晏小山一首写别后相逢的词，这就是他那首颇负盛名的《鹧鸪天》：

鹧鸪天·彩袖殷勤捧玉钟

彩袖殷勤捧玉钟。当年拚却醉颜红。舞低杨柳楼心月，歌尽桃花扇底风。

从别后，忆相逢。几回魂梦与君同。今宵剩把银釭照，犹恐相逢是梦中。

这首词可分为三个时间段落，一是“当年”，二是别后，三是今日相逢。这是写与歌女的一段情事，当年是那歌女“彩袖殷勤捧玉钟”，自己是“拚却（不惜）醉颜红”。劝得殷勤，饮得痛快，有情人在一起喝酒，那酒里满满的都是爱。有酒还不足，又有歌舞，这舞这歌是爱的诗、是爱的画。“舞低杨柳楼心月，歌尽桃花扇底风。”这真是好句子！晁补之说，读此则知“此人必不生于三家村中者。”（见《侯鲭录》）这只是说句子不俗，但这句子之好，又岂止在不俗？把“楼心月”也“舞”“低”了；把“扇底风”也“歌”“尽”了，这是一种完全的爱的展示。尽情的歌舞、满满的酒，这是他们互相爱的酬答。把这“当年”的两情相悦、知己相感写足，下面的“从别后，忆相逢，几回魂梦与君同”才说得有根底。末二句写别后之相逢，为什么“犹恐相逢是梦中”？实在是太渴望“相逢”了，几回回梦里相逢，可梦醒一切都是空，他们被梦骗怕了。所以到了真真相见的时候，是真是幻，却一时辨不清了。小山把这种思极致幻，视幻如真，视真如幻的心理写得真是到位，真是动人心魂！这艳情被他写得也真是曲折微妙，宛转空灵。感情写得深挚，句子写得漂亮，所以前人说他的词"能动摇人心""如挽嫱、施之袂"。

陈廷焯在《白雨斋词话》中就此词的下片说："曲折深婉，自有艳词，更不得不让伊独步。"艳情词作到这种样子，也的确只有让他独步，无人可与之偕行了。

"花间"词是"自南朝之宫体，扇北里之倡风"，把艳词作成情欲的宣泄，读那样的词，一两首还看得过去，读多了，就腻腻的，有一种在浑浊的歌厅里的感觉。小山虽是走"花间"艳情词那一路，但他不是往"腻"里作，不是"腻水染花腥"，他是一手挽住衰老了的颓废，努力地回到健全的欲望和诗意的情感。他是在"花间"的路上自赎"花间"的"罪孽"，他把"花间"的"污浊"洗净了，他使得"花间"这一路的艳情词"纯粹"起来。北宋词人只有晏小山可以追步"花间"词，而其高处往往过之。他能独步于艳词，超越于"花间"，就在于他的一往情深。

曲子缚不住的苏东坡

在北宋词史上，苏东坡和柳永是两颗巨星，苏东坡是“太阳”，柳永就是“月亮”。柳永词唱遍天下，自有柳词动人的地方；苏东坡词指出向上一路，自有苏词撼人的力量。他们走的是两种不同的路，各自都走出了辉煌。苏东坡以诗为词，使词的领域扩大，地位提高；柳永深谙音律，使词之本体得以长足发展。世界上不能只唱“大江东去”，也不能只唱“晓风残月”，宋代的词坛本来就是多元并存的。

新天下耳目 ⑩
大江东去，浪淘尽，千古风流人物

苏轼（1037—1101），字子瞻，号东坡，眉山（今属四川）人。他们苏家若远绍前世，能找到唐代武则天时期的宰相苏味道这位有名的先人，很多苏轼的传记都这样为他寻祖追宗，其实苏味道这位远祖也并没有为他们苏家添多少光荣，那是个“明哲保身”的人，虽不能说他是个“持禄宰相”，但也没有什么可炫耀的政绩。在有唐一代，略有文名而不称著。所以讲苏轼一家，无须绍祖以取荣，只东坡与父洵、弟辙三人，就足可光照千秋了。“眉山生三苏，草木尽皆枯”，其祖宗因他们而光耀，其后代因他们而自豪。他们家经济上并不富裕，但他们家出了三个大文豪，其富又岂可以金银计哉？当时的大散文家曾巩说：“三人之文章，盛传于世。得而读之者，皆为之惊，或叹不可及，或慕而效之。自京师至于海隅障徼，学士大夫莫不知其名，家有其书。”（《苏明允哀词》）这种“富”，虽千百代有谁家可比！

眉山小城，山不高而秀，水不深而清，东坡生于斯，幼长其间，得山水之助自不待言。其家也，“门前万竿竹，堂上四库书”，他一生喜欢竹也喜欢书，幼岁读书甚勤，有书皆读，每读不忘。读《汉书》，至于任人翻检一传，即能背诵无所遗漏。幼时所读书，对他一生影响最大的大概是汉史与《庄子》。母程氏夫人曾为他讲《后汉书·范滂传》，范滂的事迹令他激动不已，他对母亲说，长大后要做范滂那样的人，程夫人说，你若能做范滂，我难道做不得范母吗？其嘉许之心可见。这故事在《宋史·苏轼传》中记着。后汉桓帝时，朝政不修，宦官当道。登车揽辔，慨然有澄清天下之志的范滂与太学生上书弹劾奸党，可是皇帝却命令捉拿上书人，遂起历史上极残酷的“党锢之祸”。别人逃祸，而范滂独不避，与母别，母慰之曰：美名、高寿，岂可兼得？范滂从容就捕，死于狱中。这种以天下为己任，遇危难而不悔的用世之气，对苏东坡一生影响很大。东坡自幼佩服当朝名宦范仲淹，那时他并不知道范滂就是范仲淹的远祖，但那种精神的血脉却通贯在他的全身。据他弟弟苏辙后来为他作的墓志铭上说，他“初好贾谊、陆贽书，论古今治乱，不为空言。既而读《庄子》，喟然叹息曰：‘吾昔有见于中，口未能言；今见《庄子》，得吾心矣。’”读《庄子》，则一方面得其“大浸稽天而不溺，大旱金石流而不伤”的不为外物之得失荣辱所累的超然旷达的精神；另一方面又得其汪洋恣肆、酣畅淋漓的文风的浸染。读苏词，则不能不知他有一颗把儒家用世之志意与道家旷观之精神作了极圆满之融合的心灵。东坡一生之故事，基本上就是一个心灵的故事，他拥有一个博大而丰富的心灵世界，林语堂先生说："他的思想有印度风味，脾气却完全是中国人。由佛家绝灭生命的信仰，儒家生活的哲学和道家简化生命的信念，他心灵和感觉的坩埚熔出一种新的合金。"（《苏东坡传·序》）

苏东坡才高学富，魅力很大。"魅力"这词儿不好说，只宜感觉，如女子之风情与花朵之姿韵。但是我们只要读一读苏东坡，就会喜欢他，因为他真是可爱。就像林语堂说的，"他的作品散发着生动活泼的人格，有时候顽皮，有时候庄重，随场合而定，但却永远真挚、诚恳、不自欺欺人。他写作没有别的理由，只是爱写。今天我们欣赏他的著作也没有别的理由，只因为他写得好美、好丰富，又发自他天真无邪的心灵。"（同上引）他才高，没有他做不成的事，没有他走不通的路，以其才而论之，就是在"黑道儿"上走也能走出辉煌。但是他的心志和善良，使他即使担负着人类之苦难、承受着世态之艰难，也要做一个真真纯纯、堂堂正正的人。他确曾这样想："有笔头千字，胸中万卷，致君尧舜，此事何难？"其才岂可轻与他途哉！

苏东坡当然是要走仕途的，因为在那个时候，做官是个人价值实现的唯一途径。他的父亲在这个途径上走得并不成功，其文名称于天下，但他的官运不济。他把希望寄托在两个儿子身上，两兄弟也真是不负父望，在嘉祐二年（1057年）三月，同科进士及第。东坡有天分，又勤奋，磨砺有年，初发轫，就能占得头彩，原因是：一方面他确实是"千里马"；另一方面他遇到了伯乐。韩愈曾说过，世无伯乐，就等于没有千里马。酷爱韩文的欧阳修，是东坡这一届考生的主考官，这是东坡的幸运。欧阳修可以说是个爱才如命的人，如《宋史》说他“奖引后进，如恐不及”；而且关键是他有慧眼。他读苏东坡的试卷非常欣赏，只是当时他不能知道那是苏东坡的文章，怕是他的门生曾巩的，为了避嫌，他极力劝说主张录为第一的另一位试官梅尧臣，把苏文列为了第二。列为第二的原因也不仅于此，还因为苏文中用了一个典故，试官们谁也不晓得出处，怕取了第一经不起质问。榜发以后，苏洵带着两个儿子去欧阳修那里拜谢恩师，欧阳修问起苏东坡那个大家都不知道的典故出于何书？苏答在《三国志·孔融传》的注中。事后欧阳修查《三国志》还是没有查到，等苏东坡又一次去时再行究诘，东坡说，孔融借袁绍败后，曹操把袁绍的儿媳妇赐给自己的儿子一事，和曹操说，周武王伐纣，把纣王的宠姬妲己赐给了周公。曹操问典出何处？孔融说，我以今度古，想当然耳！苏东坡对欧阳修说，我用那个典故，和孔融一样。欧阳修非但不怪，反而对人说：“此人可谓善读书，善用书，他日文章必独步天下。”（见杨万里《诚斋诗话》）他又在《与梅圣俞》这封信中同梅尧臣说：“读轼书，不觉汗出。快哉！快哉！老夫当避路，放他出一头地也。可喜！可喜！”还有一次他在家中和他的儿子谈论苏东坡时说：“汝记吾言，三十年后，世上人更不道著我也！”（朱弁《曲洧旧闻》）这位欧阳文忠公真是太喜欢苏东坡了！韩愈曾言之于先也：“世有伯乐，然后有千里马。”今吾为之言曰：有宋一代，若无欧阳修，则无苏东坡！

“欧阳公好士，为天下第一。士有一言中于道，不远千里而求之，甚于士之求公。”这是苏轼在《钱塘勤上人诗集叙》中的话，欧阳公自然当得。当然，若只有欧阳公，亦不足，宋仁宗这位重视人才的皇帝，也不能不提及。嘉祐五年（1060年）苏氏兄弟应策试，文章写得都很激烈，上至皇帝，下至宰执，多所批评。大臣们都有些受不了，但是仁宗还是肯定了他们。苏轼入三等（最高等），苏辙为下等。仁宗退朝后对高皇后说：我今天为子孙们找到了两个宰相。(《宋史·苏轼传》)

苏东坡是幸运的，才华加上机会，使他比较顺利地走上仕途，可是等着他的却是无尽的灾难。然而，苏东坡就是苏东坡，他没有因为政治的险恶而失去对人性的关怀；没有因为世道的无情而减却对世人的爱心。他活在纠纷迭起的时代，搅在尔虞我诈的官场，可是他决不减单纯真挚，决不去装腔作态，他对自己完全随性，完全忠实。他只是一路地唱歌、做事、评说，他只是任凭自己的良知，任凭自己的感受，做正确的事。你让他死可以，你让他假不行；你捕他、你贬他、你羞辱他，他没办法，但你要让他不说话、不唱歌、不快乐、不爱这个世界，他却办不到。《东坡事类》中记：“苏子瞻泛爱天下，士无贤不肖，欢如也！尝自言上可陪玉皇大帝，下可陪卑田院乞儿。子由晦默，少许可，尝戒子瞻择交，子瞻曰：‘吾眼前天下无一个不好的人！’”有此爱心，他才能做事作文无所挂碍，他才能超越苦难而威风一世、雄视百代。老年的苏东坡自海南赦还时，检讨其政治的一生，作自画像云："心似已灰之木，身如不系之舟。问汝平生功业，黄州惠州儋州。”可见他对政治真是心冷到了极点。年轻时他曾自信于“致君尧舜，此事何难！”他对政治实在是太天真了。这个宋仁宗口头上的“储相”，政治上的一生却是连连地贬来贬去。他的才学并没有在政治上得到充分的展示，这岂止是东坡的不幸，实是大宋之不幸也！但是黄、惠、儋之贬，却是他文艺创作的连连辉煌之时。大宋没有成就一个辉煌的“政治的苏东坡”，却成就了一个“文艺的苏东坡”“文化苏东坡”，两千年之文化艺术史，苏东坡是第一大文人，是最具有“知识分子”意味的中国文化人！

苏东坡不是专门的词人，通常认为他三十七岁才作词，今亦有考出他更早的一些词作的，可参见薛瑞生《东坡词编年笺证》，主“东坡词与诗文创作同步”说，详细论述了东坡作词始于嘉祐五年（1060年）正月，其时苏轼二十四岁。可是东坡真正把词当作一种抒其志意与写其情感的形式，大概是后来的事了。可是他正经一作，就让词坛改天换地了。他是个“历史事变性人物”，他是个“横空出世”的“莽昆仑”，阅尽了人间春色，涵涌着万古深情，不动作则已，一动作就动地惊天。“词”这条路上在他以前已经有很多人走了，而且走出了辉煌。可是他一走上来，就“指出向上一路”，就“新天下之耳目”，就让“弄笔者始知自振”，这是何等的冲击力！他真有太阳须臾上天衢，逐去群星逐去月的气势。“传统”让他惊呆了，作词的人让他这么一击，好像明白了点什么，道路好像一下子开阔了，没想到原来认定的荆棘之地，倏然变作通衢。古之大禹也，凿巨石而启后世，东坡亦启后世者也，所不同者，东坡似不着力，似不刻意，“羽扇纶巾，谈笑间，樯橹灰飞烟灭”矣！

读东坡的词，不能不知其为人，林语堂的《苏东坡传》和洪亮的《放逐与回归——苏东坡及其同时代人》，是很好的东坡传记，读者自可参阅。我们主要说他的词，不遑细述他的故事，但是读东坡词，不去读一读他那丰富的一生，就总不能读得深入。

不可救药的乐天派

寓身化世一尘沙。笑看潮来潮去、了生涯

东坡作词，通常说是始于杭州通判任上，其先，精力用在科考和经世致用的大文章上，但也并不是绝对不留意歌词，如其《与族兄子明书》中曾说：“记得应举时，见兄能讴歌，甚妙。弟虽不会，然常令人唱为何词。”那时他应该听了一些柳永

那类的歌词的。那时的他，青年热血，手中的笔，纵横捭阖于政事之议论，他是要建功立业，还无暇也无心流连坊曲。及其妻亡父殁，扶柩还乡，丧期满而返回京师时，王安石已变法矣。东坡并不反对改革，他是不喜欢王氏的过激。这样他自然成了新党的对立面，便请求外放，去了杭州。路经颍州时，和弟弟苏辙去看了他们的恩师欧阳修，陪欧阳公游颍州西湖，作了一些诗颂扬欧阳修，欧阳修也为他介绍了在杭州的朋友。这是他们师生最后一次见面，转过年来欧阳修就去世了，苏东坡恸哭于孤山僧人惠勤禅室。他是在政治上失意的情况下开始写词的，而且又是在杭州这样一个暖风能熏得游人醉的地方，这是很值得注意的，也就是说，有了那种心情，有了那种背景，也有了较之于京师的闲暇。这个时期他作了很多的词，他的词作集中在两个时期，一是“乌台诗案”以至黄州之贬以前，他在杭州、密州任上作了很多的词；再就是在黄州时以至于惠州之贬以前这一段时间，也作了大量的词，惠州、儋州，词不多矣。

东坡始作词，少不了受别人的一些影响，除了柳永、张子野那一类的流行歌曲，欧阳修对他的影响应该是很大的。欧阳修不只是“疏隽”开启了苏东坡，还有他那种对于自己悲哀忧苦的排遣，对于宇宙万物能够用一种欣赏的态度，对苏东坡为人为词，都有所影响。林语堂说苏东坡是个“不可救药的乐天派”，这一方面有东坡个性上的原因，另一方面也有他恩师欧阳修的楷模力量在吧！

到杭之初，曾有《浪淘沙》词云：

浪淘沙·探春

昨日出东城，试探春情。墙头红杏暗如倾。槛内群芳芽未吐，早已回春。

绮陌敛香尘，雪霁前村。东君用意不辞辛。料想春光先到处，吹绽梅英。

他期盼春天，所以他歌颂春天。秋天呢？柳永常常悲秋，东坡则不然，他内心不是没有悲感，但他却出之以豪放，如《南歌子》云："苒苒中秋过，萧萧两鬓华。寓身化世一尘沙。笑看潮来潮去、了生涯。"我们看，这里面是不是有他的恩师欧阳文忠公的影子？

"宫体"缚不住的艳情词 ⑩
多情王谢女，相逐过江来

这时期他与八十多岁的老词人张子野颇多过从，相传他与张子野游湖时曾同赋《江城子》词云：

江城子·凤凰山下雨初晴

凤凰山下雨初晴。水风清，晚霞明。一朵芙蕖，开过尚盈盈。何处飞来双白鹭？如有意，慕娉婷。

忽闻江上弄哀筝。苦含情，遣谁听？烟敛云收，依约是湘灵。欲待曲终寻问取，人不见，数峰青。

宋人袁文在《瓮牖闲评》中说这是苏东坡与刘贡父兄弟游西湖时所作，没提张子野，或许张子野在船上也未可知。词之缘起是“忽有一女子驾小舟而来，自叙‘景慕公名，无由得见，今已嫁为民妻。闻公游湖，不惮呈身以遂景慕之沉，愿献一曲。’坡乃为赋《江城子》词。”这应是张子野那一类的歌词，可东坡写得何等澄澈！词末化入一片神雾，自不在人间艳情上徘徊。这是东坡“韶秀”（周济语）一类的词。金代元好问曾说：“唐歌词多宫体，又皆极力为之。自东坡一出，性情之外不知有文字，真有一洗凡马空气象。虽时作宫体，亦岂可以宫体概之？”（见《遗山文集》卷三十六《新轩乐府引》）大概这样说东坡艳情一类的词，应该没有问题。但他写标准的、本色的艳词，也是好手，如其《临江仙》词云：

临江仙·昨夜渡江何处宿

昨夜渡江何处宿，望中疑是秦淮。月明谁起笛中哀。多情王谢女，相逐过江来。

云雨未成还又散，思量好事难谐。凭陵急桨两相催。想伊归去后，应似我情怀！

把它放到宫体、花间一类的艳情词里，本色自本色矣，且又是本色中大气的那一类。所以，说东坡豪放词时，有人说是曲子中缚不住者；我们说就是他的艳情词，也是“宫体”缚不住者啊。东坡以豪放词著名，而其婉约一类词亦写得极好，风韵如东坡，晁无咎却说他的词短于情，真不知东坡者也！

“压倒古今”的婉约词

细看来，不是杨花，点点是离人泪

下面我们看苏东坡一首写在这个时期的婉约词《贺新郎》：

贺新郎·乳燕飞华屋

乳燕飞华屋。悄无人、桐阴转午，晚凉新浴。手弄生绡白团扇，扇手一时似玉。渐困倚、孤眠清熟。帘外谁来推绣户，枉教人、梦断瑶台曲。又却是、风敲竹。

石榴半吐红巾蹙。待浮花浪蕊都尽，伴君幽独。
秾艳一枝细看取，芳心千重似束。又恐被、秋风惊绿。
若待得君来，向此花前，对酒不忍触。共粉泪、两簌簌。

这是写夏景的，也可以说是写石榴花的，但更是借写景物而写一种心情。因为写得朦胧，所以后人不能辨其旨，因而有人说这是为杭州官妓秀兰作的（《古今词话》）；有人说为侍妾榴花作的（《耆续旧闻》）；也有人说是在杭州万顷寺作的，因为寺中有榴花（《艇斋诗话》），众说纷纭，莫衷一是。关于词之本事的记载，不能一概视为胡言，只是用时须谨慎而已。若杨湜《古今词话》类多小说家言，大都出于传闻，但说是一点影子也没有的瞎编，也不能那么看。宋人胡仔极力反对杨氏，责之甚苛，亦无谓。胡仔说，东坡此词，“冠绝古今，托意高远，宁为一娼而发邪？”其实为娼而发，为什么就不能托意高远？胡仔认为东坡此词是横遭杨氏点污，深为不幸，所以他说“吾不可无一言雪其耻！”其实他也有点太道学气了。

我们不在“本事”上纠缠，其实苏氏在这里不过写了人们常常会遇到的那种懒懒的、微微的有些伤感，说来无谓，不说又神摇意动不能自禁的心情。这很像秦少游的那首同样颇朦胧的《浣溪沙》“漠漠轻寒上小楼”阕。只是秦少游写得抽象、跳跃而又密不透风，人们也不会再附会进什么故事了；东坡则都是具体之描写，且描写颇连贯，容易给人以附会之机会。我们

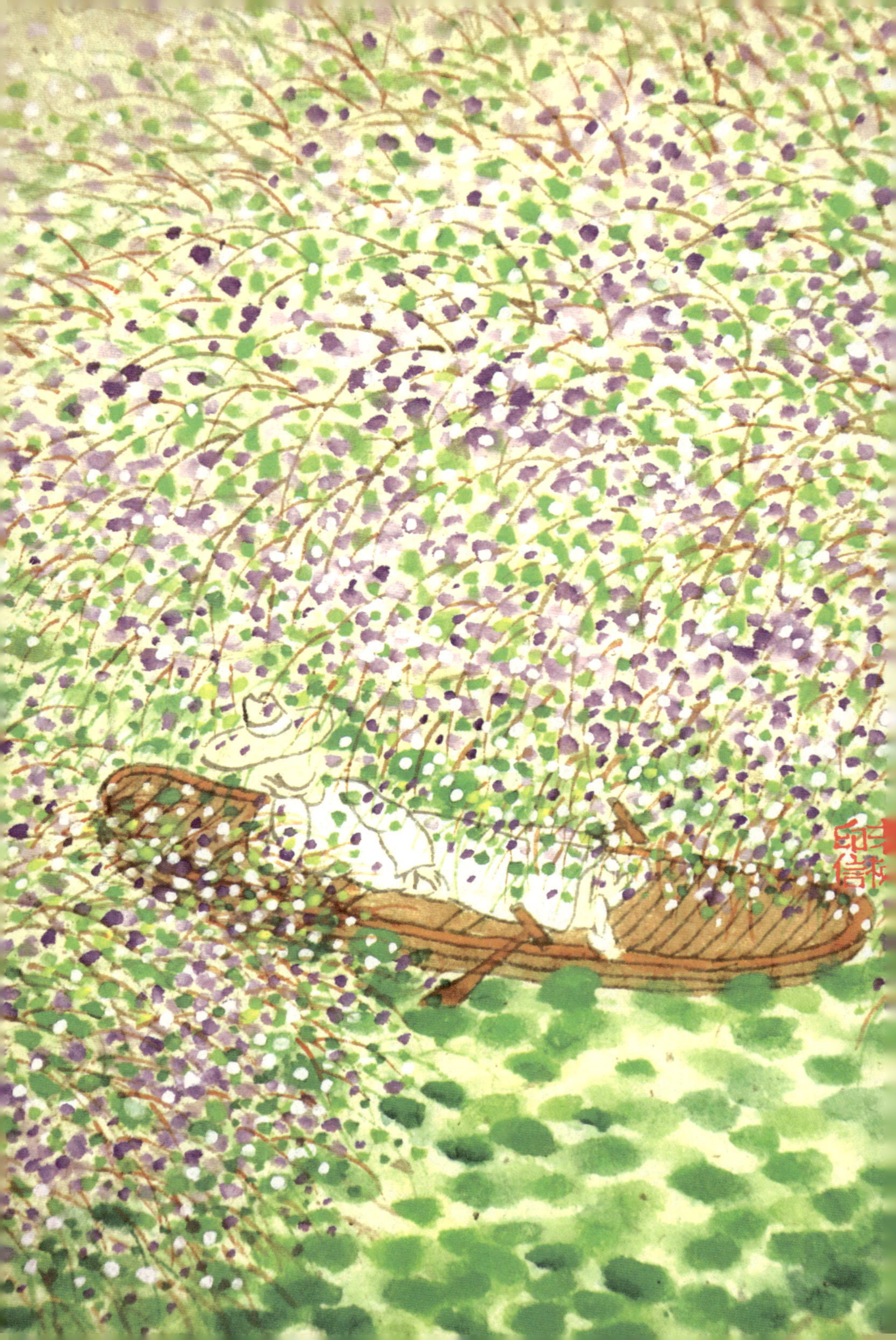

只就词说词，东坡写人的每一个举动，石榴的某种姿态，都是借具体的情事物态，来写一种难以言传之心情。必欲盯紧字面而不探究字面之下意，则当然只会臆想出故事并去传播故事了。而东坡作词时的心情，以及词中所能让后人解读出的东西，就常常被掩盖在那些很具小说意味的传说里，同时更不幸的是掩盖在那些同源衍化出的不同之传说之间的相互究诘与攻讦之中了。倒是沈际飞的一段话颇为恳切，他说："凡做事或具深衷，或即时事，工与不工，则作手之本色。《贺新郎》一解，苕溪正之诚然（指胡仔《苕溪渔隐丛话》驳《古今词话》'为秀兰作'之说）。而为秀兰不为秀兰，不必论也。两家纷然，子瞻在，不笑其多事耶？"（《草堂诗余正集》）

此词咏景物是表，咏人心情是里。上片以人喻物，下片以物写人，是二实一，至浑然莫辨。"乳燕"三句布景，初夏午后之境，幽静已极。"晚凉"三句，写人浴后之秀丽，亦未尝不是写雨后榴花之身洁。"手扇似玉"，写人亦可，喻花亦无不可。写人是直叙，喻花是移情。"渐困倚"至上片之末句，写人孤眠，旋又被竹风惊醒，亦未尝不是写花之孤处，又经风之摇曳以生姿态。写风吹花枝，而喻以梦断瑶台，由静而动，跌宕生姿。

下片似专写花，"石榴"三句，写花之品格忒高，如写梅之不与桃李争春色，榴花则是"浮花浪蕊都尽"时，一枝独领于夏热。此中有人的孤独感，亦有人格的纯正感。保有人格之独立，往往其代价是孤苦无依。"秾艳"二句，以花之"芳心千重"，写人之情意独厚。“又恐”二句，以花事之难久，写世态之常变。“恐”亦写出《临江仙》中“长恨我身非我有”的那种自己难以把握自己之命运的苦痛。“若待得”三句，写花若再逢，必更憔悴；人若再见，徒叹苍颜。这是说时光如流水，转眼间就物是人非。亦写出一种被外物左右的不自由，而自己又无可奈何。词之末二句，言“两簌簌”，是花落簌簌，泪落簌簌，至是人与花合为一处。此为东坡词中一较出色的婉约词，写一种哀伤，伤花的命运，亦伤人的命运。写得婉转而意密，真是当行本色！

说到这里，我们不得不跳跃一下时间的阶段，来说一说东坡谪居黄州时的一首更出色的婉约词，那就是被宋末张炎推为“压倒古今”的和韵词《水龙吟》。词云：

水龙吟·次韵章质夫杨花词

似花还似非花，也无人惜从教坠。抛家傍路，思量却是，无情有思。萦损柔肠，困酣娇眼，欲开还闭。梦随风万里，寻郎去处，又还被、莺呼起。

不恨此花飞尽，恨西园、落红难缀。晓来雨过，遗踪何在，一池萍碎。春色三分，二分尘土，一分流水。细看来不是杨花，点点是离人泪！

这是一首“次韵”的词，章质夫曾作过一首《水龙吟》，写杨花，那词写得也很美。所谓“次韵”，就是用原作之韵，并按照原作韵次序进行创作。章词是这样的：

水龙吟·燕忙莺懒芳残

燕忙莺懒芳残，正堤上、柳花飘坠。轻飞乱舞，点画青林，全无才思。闲趁游丝，静临深院，日长门闭。傍珠帘散漫，垂垂欲下，依前被、风扶起。

兰帐玉人睡觉，怪春衣、雪沾琼缀。绣床旋满，香球无数，才圆却碎。时见蜂儿，仰粘轻粉，鱼吞池水。望章台路杳，金鞍游荡，有盈盈泪。

我们说章词写得也很美，“傍珠帘散漫，垂垂欲下，依前被，风扶起。”也真是曲尽杨花的妙处了，但若像《诗人玉屑》上说的，“东坡所和虽高，恐未能及。”这就有些不切实际了。我们一比较就能看出，苏词也真能应上那话：回眸一笑是百媚生，六宫粉黛无颜色！后人也有两不得罪的话说：“（苏词）与原作均是绝唱，不容妄为轩轾。”（许昂霄《词综偶评》）说章词写得好尚可，说“绝唱”，则置东坡于何地？若说不可轩轾此二词，不是没有眼光，必是没有原则。

此词是咏杨花的，“杨花”在这里自然是喻体，整首词也是拟人写法，借杨花写的是一种人生的失落感，所以杨花在这里就不是“无情物”，也不是“全无才思”。这首词的起句是关键，统摄全篇，将整首词划在一种似花又不是花、似人又未写人的迷蒙氛围之中，这就将那种贬谪心与失落感的微妙心态写出来了。正如廖辅叔《谈词随录》中说的："一起统摄全篇，像花又不像花，谁也不会爱惜它，骨子里是蕴藏着一种被遗弃的感伤情调。""抛家傍路"一句最凄惨，"无情有思"一句又极恻隐。"无情有思"，就是有情有意，"无情"是前人说的，"有思"是东坡说的，而有思无情是不可能的。"情"犹"欲"，"思"犹"理"，前人曾说过："吾心中之有理与欲，如磁极中之有南与北，如电性中之有阴与阳，有异焉者，非交相斥，而交相引也。其有真理者，必其有真欲存焉者也；其有真欲者，必其有真理存焉者也。非有真理，必不足以动真欲；非有真欲，必不足以得真理。"（《私心说》，见《辛亥革命前十年时论选》三，第816页）这是极中肯綮之言。东坡在这里说"思量却是，无情有思"，是真理解杨花之言，而非表面观也。亦即他理解的那种失落的苦痛。杜甫《白丝行》诗句云："落絮游丝亦有情"，东坡或由此繁衍成篇，而自有东坡对世事的切肤之感在。"萦损"三句，进而言杨花有情，至于愁损柔肠，写出了被弃者的冷落与生活的没有意义。专制社会常常把人投入"生活的没有意义"，这是一种精神上的杀伐，对于知识分子来说，这比杀身更残酷！"士可杀不可辱"，可是有良知的知识分子常常被"弃"在屈辱之中，至其恍恍惚惚，真如太史公司马迁说的"肠一日而九回，居则忽忽若有所亡，出则不知其所往。"（《报任安书》中语）东坡在这里用婉约手法写这种被弃的孤漠，所谓"萦损愁肠，困酣娇眼，欲开还闭"，写杨花美人，皆寓一己之情怀。花被抛弃，人被抛弃，又不甘，就“梦随风万里，寻郎去处”，好梦是为了安慰苦心情，可这“梦”还没有到得好处，就被“莺呼起”了，被抛弃者连个做好梦的资格都被剥夺了，“薄幸郎君”何其酷！“专制社会”何其酷啊！

下片写落花本已经不得风雨，可偏偏又雨打风吹，其境遇更不堪矣。“一池萍碎”值得一说，作者自注曰：“杨花落水为浮萍，验之信然。”不管是否“信然”，值得注意的是由杨花到浮萍的这一转换，只是形态上的变化，而杨花那种无依无靠、没着没落的内在之质，与浮萍并无二致。一夜风雨，杨花虽不见了，可那无依无靠、没着没落并无稍减。人又何尝不是这样？内心的苦闷无减，只把愁容变作欢颜，强颜而不言辱，那也无非是不得已的自欺欺人。“春色”三句，写杨花之飞尽，实是写春的归去，是写像春天一样美好的事与人的消逝，美好淹没进流水与尘土，花无人怜，人亦无人怜，这是世界对物的冷漠，对人的冷漠。东坡大半生被贬来贬去，联系到专制社会中被遗弃的正直与善良的人们，那种被贬抑、被遗弃，简直是司空见惯的事了，无人经意，无人垂顾，无人认为值得一提，我们不但已经对别人的失落付不出同情，我们甚至对自己的失落也到了麻木不仁的程度，就像麻木于杨花的“抛家傍路”一样，这使得那种失落的苦痛之外，又添上更深的一层惆怅与悲哀。“细看来”三句，由花说到人，飞花与离人何其相似！这里并非仅是将人的情感移入杨花，而是将人的人性与物的物性作一种比照，人只有对人的人性有了自觉，才更能将物的物性作一种平等的关照，而能对物的物性作平等关照，才能以一种平等的、理解的态度对待人细微的情感，才能对别人的苦痛报以真诚的同情。唐人“君看陌上梅花红，尽是离人眼中血”的诗句，亦如此处这种物我关系，是物我两忘而至于合一。杨花有杨花的失落，离人有离人的失落，形态上这失落各有其特性，而从宇宙自然之通感这一角度来说，它们又有共通的东西，所以杨花与离人在这里融在了一处，至于让人不知到底这是写杨花还是写离人。此词以“细看来”三句作结，发无穷之感慨，有深远之余哀。正如俞陛云先生所说：“结句怨悱之怀，力透纸背，既伤离索，兼有迁谪之感。”若更进一步说，“离人”又非止言“迁谪之感”，而是言“离”人间一切美好之事物的失落感，以东坡之开阔的胸怀，必不只关注于自己，而更关注于群人也！

东坡词，多以一己之情怀，发宇宙之感喟，所以他能将古所谓“无情物”的杨花，反其成见而写出一种新意来。东坡在这里用婉约之笔，写一种“失落感”，代表着专制时代一些正直善良的人被弃置、被冷落、被忘却的共同的怅惘与悲哀。其词清而其志洁，这是他婉约词的过人之处。

千古文人的追问

明月几时有？把酒问青天

熙宁七年（1074年），朝廷命苏东坡以太常博士直史馆权知密州（今山东诸城）。他是由杭州请调到密州的，原因是“请调东方，实欲昆弟之相近”（《密州谢表》），他与弟弟苏辙的手足之情也可以说是千古称道的，几年没有见弟弟，他确实有些想，那时苏辙在济南做官，调到密州，离弟弟就近了许多。苏轼多情，告别杭州也有不尽的难舍之情，可是大丈夫之别，自是“无为在歧路，儿女共沾巾”，你看苏轼在给他的同乡、新任杭州太守杨绘（字元素）饯别的那首《南乡子》词里这样写：“东武（指密州）望余杭，云海天涯两杳茫。何日功成名遂了，还乡，醉笑陪公三万场。”这豪气在词中已出矣。

在密州任上他写了那首著名的“中秋词”《水调歌头》，词云：

水调歌头·明月几时有

明月几时有？把酒问青天。不知天上宫阙，今夕是何年。我欲乘风归去，又恐琼楼玉宇，高处不胜寒。起舞弄清影，何似在人间。

转朱阁，低绮户，照无眠。不应有恨，何事长向别时圆？人有悲欢离合，月有阴晴圆缺，此事古难全。
但愿人长久，千里共婵娟。

此词前有小序云："丙辰中秋，欢饮达旦，大醉，作此篇，兼怀子由。"丙辰，即宋神宗熙宁九年（1076年），所谓"兼怀子由"，自不是专怀，苏轼在中秋节欢饮达旦，乘醉而歌，自有一番感慨。这首因"月"而起兴的词，关于它的命意，真可谓众说纷纭。或谓"思君"（如《岁时广记》卷廿一引《复雅歌词》说），郑骞《词选》驳之曰："此说殊谬，时地皆不合。"或谓此词反映了苏轼出世、入世两种思想的冲突，这是针对词中"我欲乘风归去"五句而言的，说苏轼原本有出世之想，继而衡量再三，复觉人间尚好。而缪钺先生则说"起舞"二句，是"在月色澄明中翩翩起舞，顾影自喜，这种境界已是仿佛天上，又哪像在人间呢？"（参见《灵谿词说》第235页）此说取自黄蓼园《词选》，黄说："仿佛神魂归去，几不知身在人间也。"这是说已进入一种"天地与我共生，万物与我为一"的境界，则天上、人间也就没有什么区别了。这是说进入了一种极高的境界，所以像下片所言尽管因苦痛而无眠，也瞬间便可排遣了。这种可以排遣，在于心中可以融合不同的诸方面事理。

下片"转朱阁，低绮户"，是写月之由东而西移，始终看着一个彻夜无眠的人。人何不眠？是不理解月圆人缺的不和谐。然而旋即解脱，是人，自有悲欢离合之情感经历；是月，自有阴晴圆缺之物理变化。说“此事古难全”，盖谓月有月之物性，人有人之人性，人别与月圆本是两两无涉的事，何必多情自苦！再退一步说，人虽隔千里，却可共同拥有一个明月，又何怨之有？这种融和之心、开解之心，或许与苏轼读佛道家书有关系。其实在这首词中，对人间天上、悲欢离合并不欲作彻底的究诘，苏轼此词不过在表述着一种“信念”，英国哲人黑尔（R.M.Hare）尝有一概念为“blik”[①]，或可译为无法证实也无法证伪的“信念”。天上好，人间好，或者人间在某一刻（如吃醉酒起舞时）亦如天上一样好，这都需要有一种比照在，比照就有两方面或多方面。天上好是一种信念，人间好也是一种信念，人间亦如天上，是把前两种信念融合后又成的一种信念，苏轼在这里没有遽然对世界做出一种判断。“何似在人间”，不是确论，也是既无法证实又无法证伪的东西。当然，“blik”（信念）也并非没有正当与错误之别。又一英国哲人密切尔（B.Mitchell）则认为，轻易地肯定或否定是没头脑或不健全的，“如果他在内心体验到（正反两方面事实所造成的）这个冲突的全部力量，那么他的信仰反倒会被视为健全而合理的。”在密切尔看来，一些宗教命题仍然是关于世界的一种断言，是对世界的一种解释。那么“blik”（信念）也应该能被证实或证伪。美国哲人希克（J.Hick）认为此种证实需待将来，对同一事实的两种不同之感受，两种不同

①黑尔自己杜撰的一个词。

之解释，其中哪一种符合实际，要靠未来的亲身体验来证实。苏东坡在此词中只是提出了两种信念，谁是谁非，似无定论。这既无法定论，也无需定论，后人必欲澄清也是徒劳。东坡伟大处在能兼容，不做徒劳的深入之究诘。“天上”亦容，“人间”亦容。谓“高处不胜寒”，只云“又恐”，自非定论；谓人间尚可居，只云“何似”，亦非定论。必欲诘其出世入世，则唤起东坡于地下竟能知之耶？至于出世好、入世好，自可任后人以后人的境遇作解，而终极之解释，仍似不易。

东坡这首词出来，真如词中出了屈原与李白，“但愿人长久，千里共婵娟”，这真是穿透时空之呼吁，融合天人之祝愿，胡仔云：“中秋词，自东坡《水调歌头》一出，余词尽废！”而又岂只在“中秋词”哉？此词一出，诚令天下人知道词之空间原来是如此广大，词又岂止是诗之余耶？于此自可与诗争高下矣！

说词的“诗化”在东坡这里完成，一点也不为过，所谓词的“诗化”，就是词的“士大夫化”，就是词像诗一样了，是词于是时能比较完整地写出文人士大夫的生活面貌和深刻的思想面貌了。它从软语幽怨的歌场的单薄，走向了文人士大夫的内心的丰富与深刻。这是绝不同于柳永的词的，即如苏东坡在密州所说：“近却颇作小词，虽无柳七郎风味，亦自是一家。”（《与鲜于子骏书》）他的这种融文人士夫深厚之学养与澄明之人格的自家面目，虽不能绝对地说在词坛“一洗绮罗香泽，摆脱绸缪宛转之度”，却实在是能使人“登高望远，举首高歌，而逸怀浩气，超然乎尘垢之外”的。从完成词之“诗化”这一角度说，苏词一出，“花间为皂吏，而柳氏为舆台”（胡寅《酒边词序》中语），并非过誉之词也！

这个时期他还写了两首《江城子》，一首悼亡妻，一首叙出猎，前者极深挚，后者极痛快。先说第一首《江城子》：

江城子·乙卯正月二十日夜记梦

十年生死两茫茫。不思量，自难忘。千里孤坟，无处话凄凉。纵使相逢应不识，尘满面，鬓如霜。

夜来幽梦忽还乡。小轩窗，正梳妆。相顾无言，惟有泪千行。料得年年肠断处，明月夜，短松冈。

“乙卯”这一年，是宋神宗熙宁八年（1075年），苏东坡的妻子王弗已去世十个年头了，所以开篇即言“十年生死两茫茫”。“不思量”二句，是说妻亡十年间，日日不能忘，不必有意去想，而伉俪之情深却每萦于心怀。“千里孤坟”，谓妻的葬处在四川老家，相隔迢递。而于此说“千里”，说“孤坟”，实在是蕴含着许多对妻子的悔意，那么远地把她一个人抛在那里，让她独尝凄凉而没有人说话。她死了，本不需要说话的，也无所谓凄凉，可是在苏东坡的心里，无论如何她一直是活着的。其妻贤而慧，可是恩爱夫妻却不能到白头，婚后只十个春秋她就被病

魔夺走了，这是苏轼的大痛。妻亡十年后，苏轼仍在无尽的回忆中，而岁月的侵凌，却使他添了许多的衰老与憔悴。仕途颠簸，风尘满面；思念镂骨，青鬓添霜，这十年来已完全改变了旧时的模样，怕是相见也难以相识了。思之苦、思之挚，于此见之。

下片忽写梦境，轩窗梳妆，犹如生前。梦是愿望的体现，写梦中相会，实因日思夜想者就是能与妻子再相聚也。“相顾”二句，是说原有千言万语，乍一相逢竟不知从何说起，惟有泪眼相向了。梦中人，往往是越要做什么就越是做不到，越想诉说却越说不出。幽明路隔，惟有以梦，聊可当一通途，可是见了面却不能互致一言，此真大憾者也！“料得”三句，是说思念为之肠断之处，就在明月夜里的短松岗上，哪里有亡妻的孤坟，哪里就牵动着东坡绵绵不断的哀思。唐圭璋《唐宋词简释》说此词“真情郁勃，句句沉痛，而音响凄厉，诚后山所谓‘有声当彻天，有泪当彻泉’也。”是谓评！

下面我们再看他那首《江城子》：

江城子·密州出猎

老夫聊发少年狂，左牵黄，右擎苍，锦帽貂裘，千骑卷平冈。为报倾城随太守，亲射虎，看孙郎。

酒酣胸胆尚开张。鬓微霜，又何妨？持节云中，何日遣冯唐？会挽雕弓如满月，西北望，射天狼。

前所引《与鲜于子骏书》中，苏轼还说：“数日前猎于郊外，所获颇多，作得一阕，令东州壮士抵掌顿足而歌之，吹笛击鼓以为节，颇壮观也。”当是指此词。“老夫”者，自负之语也。牵黄擎苍，是写鹰犬共襄猎事；而继以“千骑卷平冈”，声威之壮，气势之大，苏词之前，何曾见得？百姓倾城而出，太守执弓射虎，真是写得虎虎有生气，势来不可当也！

下片开首三句，有不甘心老冉冉之将至的意思，亦写得自负，是自上片顺势而来的。“持节云中”二句，用《史记·冯唐列传》故事。“冯唐持节赦魏尚，复以为云中守”的故事用在这里，就引起后世注释家的争议，或认为东坡此处是自比魏尚，也有人认为东坡自比冯唐。世多以自比魏尚说“文不对题”，因为东坡移密州不似魏尚的因罪见拘，何须冯唐持节来赦？然而说自比冯唐似亦不得其解，难道这里苏轼是要借神宗之力、欲负冯唐之使命去赦有罪之人吗？此说亦无力。其实凡词人用典，未必非要自比典中人，此处当是泛比。时宋与西夏对峙，国祚受到威胁，主要敌人是外族的侵略者。苏轼因党争被派为地方官，深知内斗之害，而内斗足可消耗对外之锐力。故东坡以此典故说对那些因个人恩怨或党派之争而受到不公平待遇者要宽容。国家方用人之际，不应再有如魏尚那样无谓之冤狱了，不应在内斗上将人才湮灭。梁任公《自由书·豪杰之公脑》云：天下为豪杰之天下，而豪杰数十人合为一点，“则其力非常之大，莫之与敌也；若分为数点，则因其各点所占数之多寡，以为成败比例差。”北宋新、旧两党若王安石、司马光，岂非豪杰？但未合为一处，故内斗不已，元气大伤。必欲豪杰不争，内部不斗，则应如梁任公所言，要大家都服膺公理，通达时势。“公理与时势即为联合诸群之媒，虽有万马背驰之力，可以铁锁链之，使结不解也。”（《豪杰之公脑》）东坡引用冯唐故事，即是寄予一种期望：天下人必须服膺公理，则个人恩怨、党派之争，遂于此公理之下涣然冰释矣。当然，苏东坡与后来的梁启超皆理想主义者，所论皆应然者而非实然者也。“应然”“实然”，其间有距离，故东坡引冯唐故事，只是寄予一种希望，其中亦存有哀痛，痛在魏尚不赦，冯唐难遣也！弃射天狼之才于偏郡，唯可射虎抒志于东州，岂东坡之哀，实大宋之哀也！此词虽表面豪放痛快，而沉痛实隐于其间。

诗文不改，澄清天下之志

平生文字为吾累，此去声名不厌低

“乌台诗案”，苏东坡开始真正倒霉，也可以说北宋的党争开始不讲理了，北宋的政治开始不可救药了。苏东坡离开密州任，又做过徐州太守，后来又去湖州做太守，那是神宗元丰二年（1079年）初的事，七月，御史何正臣、舒亶、李定等人，在苏东坡的诗文中断章取义，弹劾他讥切时政，连篇累牍的弹劾表章，让神宗受不了。苏东坡若非名动天下也则罢了，可偏偏这个大名人却不支持他的皇帝老子本来实施起来就不太遂顺的新政，他也就不能不对这个人们认为的以其才而与朝廷争胜的苏大才子起“杀一儆百”之心了。八月苏东坡赴台狱，李定等人必欲致之死地。朝廷上为给苏东坡定罪也是争论不已。“三旨宰相”王珪（只是一个“请圣旨”“听圣旨”“传圣旨”的无所作为的庸官）说，苏东坡诗“根到九泉无曲处，世间惟有蛰龙知”，是“不臣”。他说：“陛下飞龙在天，而轼求之地下之蛰龙，其不臣如此！”神宗听了也觉牵强，说：“诗人之词，安可如此论？彼自吟桧（苏东坡是咏桧树的），何预朕事？”而且神宗说，诸葛亮自称“卧龙”，“岂不君耶？”王宰相办事无能，害人有术，连后来也害得苏东坡不轻的章惇也说：“人之害物，无所忌惮，有如是也！”害苏东坡的人有权力，保他的人也有势力，宰相吴充就对神宗直言：“魏武（曹操）猜忌如此，犹能容祢衡，陛下不能容一苏轼何也？”弄得神宗只好推脱说：“朕无他意，只欲召他对狱，考核是非耳，行将放出也。”（见吕希哲《吕氏杂记》）当时闲居金陵的王安石也伸出救援之手，他为苏轼上书皇帝曰：“安有圣世而杀才士乎！”据说此案以其一言而决。其实宋仁宗的曹皇后也起了很大的作用，《耆旧续闻》载：曹后病重时，神宗欲大赦天下以减后忧，曹后说："不须赦天下凶恶，但放了苏轼可矣！"这么多人说情，再加上太祖赵匡胤早有不杀士大夫的诫碑，自度必死的苏东坡终于没有死，在乌台（即御史台）狱中呆了一百三十天，于十二月二十九日责受尚书水部员外郎充黄州团练副使，本州安置，不得签署公事。

"平生文字为吾累，此去声名不厌低。"他就这么去了黄州。可是他改了吗？一点也没改，而且诗文却越作越来劲了。编管黄州之时，他作了很多的词，而且不乏压倒古今之作，一曲"大江东去"，就是那个时期唱出的。词云：

念奴娇·赤壁怀古

大江东去，浪淘尽，千古风流人物。故垒西边，人道是，三国周郎赤壁。乱石崩云，惊涛拍岸，卷起千堆雪。江山如画，一时多少豪杰。

遥想公瑾当年，小乔初嫁了，雄姿英发。羽扇纶巾，谈笑间，樯橹灰飞烟灭。故国神游，多情应笑我，早生华发。人生如梦，一樽还酹江月。

这是一首怀古词，写游赤壁之感怀。起笔写江流之浩荡，高唱如云。"浪淘尽"一句，将无穷兴亡故事都写入其中，这中间有悲哀，也有一种感慨中的通脱和通古今而观之的气度。一切风流人物总会被大浪淘尽，这是历史的法则，吾人不能左右，作者不仅自己通古今而观之，进而亦将自己注入这如江水之东流的历史中了。以东坡之博学，不应不知道此黄州赤壁并不一定是三国“赤壁之战”时的赤壁，在《东坡杂记》上他就说：“黄州（少）西，山麓斗入江中，石色如丹。传云曹公败处所谓赤壁者，或曰非也。曹公败归，由华容路……今赤壁少西对岸即华容镇，庶几是也。然岳州复有华容县，竟不知孰是。”由此观之，他是权从传说，就把它当作“周郎赤壁”，这也是一回“想当然耳”的事，不过借它说事抒怀而已，欧阳修若在，又会夸他“善用书”了。他在这里用了“人道是”三字，表明自己是遵从传说，并非误认遗迹。起处“大江东去”，是概说古今之流变，此处则具体到“三国赤壁”以扣主题。往下“乱石”三句，写赤壁之险，山石而曰“乱”，波涛而曰“惊”；写山而曰“崩云”，一本作“穿空”，是山与天接而划破长空；写水而曰“拍岸”，一本作“裂岸”，是水与陆接而惊动岸涘。写山而有空间之动感，写水而有时间之动感，用的都是极有力的字眼，读来令人惊心骇目，其健、其实、其开阔、其长远，如此之境界，舍东坡不知谁人能到得！“江山”二句，一叹而结拍，如此美丽的江山，众多的英雄人物，那历史上的一幕一幕，让人想起来就激动不已。

下片一开始就把笔力集中在周郎身上，我们看，东坡在这里如用电影的“语言”，把镜头一步一步地推进，由“千古”而至“三国”，由“三国”而至“周郎”。赤壁之战御曹的主力是吴，统帅是周瑜。“遥想”六句写周瑜当年之英姿。述周郎而言“小乔初嫁”，是以美人为衬托，显得英雄更加出色。“风流人物”，是光彩照人的人物，是风华超常的人物，“风流”也者，风行水流也。这里有着一种宇宙的气象，一种浪漫的气质。所以战争在这样的人面前，就不是烽烟白骨，不是血流遍野；成就一番功业，像下一盘棋，像聊一回天儿，那么大的一场战争，“羽扇纶巾，谈笑间”，就“樯橹灰飞烟灭”了。这不是说古来成大事业者就那么容易，而是说他们有大境界，面对残酷的现实，能够从容不迫，指挥若定。大敌当前，他们何其潇洒自如！这是东坡所仰慕的英雄形象。这以上是“怀古”之正文，自“故国神游”而下，转入自抒怀抱。“故国神游”，是倒装句法，即神游故国；“多情应笑我，早生华发”，也是倒装句，即应笑我多情、早生华发。神游故国的是苏东坡，是他在做一种历史之溯回，见周郎少年英发，建功立业，自愧不如，因伤时不我予、事不我予也！过去的时代造就了周公瑾，而现在呢？自己也像范滂一样是“慨然有澄清天下之志”的人物，可到头来，却是“魂飞汤火命如鸡”，遭了“乌台诗案”，到如今是九死一生。对比前贤，对比两个时代，他不能不有很多的感慨，所以说“多情”；加上“应笑”二字，见出东坡的无奈；“早生华发”，则是一种没有成就感的悲哀。这一句十分地沉痛，他不止是“笑”自己，也是在“笑”这个时代，在这种古今的对比中，他有一种对当下深切的发问：这个时代怎么了？英雄人物真的就一去不复返了吗？长江啊，你千古滔滔流的就是英雄血，难道如今就凝固了吗？这个时代难道真的成了一个拒绝英雄的时代了吗？在这里他没有潇洒，他没有“跳出”，他直指向内心追问，直指向历史的深层追问，直指向当下的肯綮处追问。“乌台诗案”没有改变他的那种真正的士大夫的良知与深情，苏轼出狱后曾有诗句云：“却对酒杯浑似梦，试拈诗笔已如神”，写完后他私自骂曰：“犹不改也！”（见《孔氏谈苑》）他当然不会改，改了就不是苏东坡了！写悲哀他就写到家，但不在悲哀上流连，他不像李商隐把自己沉入悲哀的底层在那里自虐。他自信，他向上，他永远是那种“双峰插云”似的人物。他能深切地感知悲哀，他又能旷达地超越悲哀。这种超拔的人格力量，使他能感动当时感动后世。他把自己放在大历史中，融进了古往今来的盛衰成败与荣辱兴亡之中，故其不自溺于政治理想之落空的悲哀之中。所以他接下来写道：“人生如梦，一樽还酹江月。”将一杯酒洒向江心，洒给江心的一轮明月，他在自己的悲慨中超脱而得以如江月一样的澄明。

苏东坡此类词并不多，但他在词史上的地位，自应由此超旷的词立足。后人也有不喜此类词者，然仍不能泯灭其辉煌。这类词不易学，稍不慎，便入粗率恶道，没有苏东坡那一份对宇宙万事万物超旷的态度与襟抱，是作不得这种词的。

苏东坡初到黄州，寓居定慧院，这时他写了一首《卜算子》：

卜算子·缺月挂疏桐

缺月挂疏桐，漏断人初静。谁见幽人独往来，缥缈孤鸿影。

惊起却回头，有恨无人省。拣尽寒枝不肯栖，寂寞沙洲冷。

都说这是咏物词，其实这里人与雁都打成一片，人雁莫辨矣。咏物词，若不写心情，那就是一个空壳，那“物”也就咏死了。东坡在这里是借咏孤鸿而写一己之骚情雅意，读此词，不必如“常州派”那样句句说成有寄托，这只是写一种心情，是个人身世之变与一己之人格持守间矛盾重重的一种心情。他不被理解，却又不愿流俗；他不愿孤独，可又不得不自甘于孤独。

首句写景：疏桐缺月，写出一片幽静气氛。二句写时间，漏断人静，更觉万籁俱寂，纤尘不染。此二句将幽寂之境况写尽，为下面写幽人起到了极好的烘托作用。“幽人独往来”前面置以“谁见”，是说无人见，下又有“缥缈孤鸿影”，写人之孤、鸿之孤，由孤而冷，向下片度去。上片扣一个“孤”字，由“孤”而人鸿莫辨；下片就扣一个“冷”字，由“冷”而人鸿莫辨。“惊起”句，既是鸿为人惊，也是人为鸿惊，“惊”字写出惊魂未定，鸿自因离群而提心吊胆；人则因方历宦海之风险而心有余悸。“有恨”一句，是说其苦痛唯自己最能知道而别人无法体会，也是说无人能够、无人愿意分尝他们的苦果。“拣尽”二句，从

“鸿”此一角度说，是鸿不栖树，自宿沙洲，无枝叶之托庇，有霜露之侵凌。在人此一角度说，则是不欲流俗，坚持德操，人格不因处逆境而颓败、而倒塌。这是真正的士大夫的气概，富贵不能淫，威武不能屈，处贫贱而不改素志，临大难而不失节操。“孤独”往往是对他们良知素志的考验。苏东坡固然善排遣，但那是以佛道之理将内心的苦痛“化”掉，从而有一种升华与超越，而不是改变素志泯灭良知。所以他骨子里还是儒，还是正统的中国文人的脾气。对待形骸与身外之物，他是佛的、道的，可他那颗心却永远没有放下，那种“孤”，那种“冷”，是他终生的内心感受。一般人只看到他的快乐，不太关注他内心的苦痛。他的内心是澄明的，所以苦痛；也正因为他的内心是澄明的，所以他能够快乐。

这首词是写苦痛，但不是歇斯底里，不是死去活来，而是“语意高妙，似非吃烟火人语”（黄庭坚语），通篇是空中传恨，一片神行。在北宋小令中，实为别调，诚如黄庭坚说的：“非胸中有万卷书，笔下无一点尘俗气，孰能至此？”

苏东坡在定慧院住了一段，很快就因为家眷的到来而搬到临皋亭去了。临皋亭是个好地方，亭下不远便是大江，江水大半是从峨眉山上流下来的雪水，苏东坡说：“吾饮食沐浴皆取焉，何必归乡哉？江山风月，本无常主，闲者便是主人。”（《临皋闲题》）在《书临皋亭》中他又说：“东坡居士酒醉饭饱，倚于几上。

白云左绕，清江右洄；重门洞开，林峦坌入。当是时，若有思而无所思，以受万物之备。”东坡确如林语堂先生说的，是个“不可救药的乐天派”，他现在是个“闲者”，他就是江山风月的主人，酒醉饭饱，在思与不思之间，不在苦痛中沉溺，而是因“化解”而进入快乐境。这时候他作了一首《临江仙》，词题是“夜归临皋”：

临江仙·夜饮东坡醒复醉

夜饮东坡醒复醉，归来仿佛三更。家童鼻息已雷鸣。敲门都不应，倚杖听江声。

长恨此身非我有，何时忘却营营。夜阑风静縠纹平。小舟从此逝，江海寄余生。

迁居临皋亭后，苏轼自号“东坡居士”。这首词是写他醉饮之后夜归临皋住所的事。上片写醉归而家门已闭，童仆酣睡，他无法进门，只得倚杖听江涛之声以遣时。下片则是“倚杖听江声”时的思绪之叙写。“长恨”二句是检讨平生之语。他其实一刻也没有停止对人生的思考，此时他被看管于黄州，此前给他加的“讪谤罪”不过是党派之争时欲加之罪的一种借口，这种现实，对他自幼培养起的儒家用世之志意是一个很残酷的检验。这时他想到了庄子，《庄子·知北游》中说：“舜问乎丞曰：‘道可得而有乎？’曰：‘汝身非汝有也，汝何得夫有道？’舜曰：‘吾身非吾有也，孰有之哉？’曰：‘是天地之委形也。’”这是“长恨此身非我有”一句所本。又,《庄子·庚楚桑》云:“无使汝思虑营营。”这是“何时忘却营营”一句所本。庄子主张心的自由，不为外物所役使，这在苏东坡那里得到共鸣。他在这里化用庄子的话，也是在说他是用道家那种超旷之精神来开解他儒家用世之志意的落空。当其身处逆境时，庄子的话为他带来一些宽慰，也使他更清醒于世界和自己的关系。他在此思考中由原来被贬后的内心之不平而渐趋平静。“夜阑风静縠纹平”，写江水，亦是写心境。身被拘管，心却是管不住的，从这里开始，乘着思想之舟，心游于物外，这余生也自得一个大自由。传说当时人听到“小舟从此逝，江海寄余生”二句，认为苏东坡跑了，黄州太守徐君猷怕在他手下走失了这个罪人，便派人查看，原来苏东坡正在家中酣睡（见叶梦得《避暑录话》)。他不会逃跑，这首词写了他思想上的一种开悟，是他心路上的一种前瞻，他的内心为之澄明，所以他才睡得那么踏实。此时的苏东坡，非常人可解也！

这个时期他还写了一首《定风波》：

定风波·莫听穿林打叶声

莫听穿林打叶声，何妨吟啸且徐行。竹杖芒鞋轻胜马，谁怕？一蓑烟雨任平生。

料峭春风吹酒醒，微冷，山头斜照却相迎。回首向来萧瑟处，归去，也无风雨也无晴。

此词前有小序云："三月七日，沙湖道中遇雨，雨具先去，同行皆狼狈，余独不觉，已而遂晴，故作此。"写明这是记沙湖道中遇雨的一种感受，亦因之而表现出一种处世之态度。我们说过，苏东坡是一个把儒家用世之志意与道家旷观之精神圆满融合为一体的人物，所以当其居庙堂之高而为官时，即能尽一己之全部真诚的匡世心与经世致用之能力，积极地为朝廷出谋划策、尽职尽能。而当其遭到不公平的待遇被贬谪州县时，也不至迷失彷徨不能自已，他从不曾颓废不起。这是一个最终完成了自己的人生理想与持守的成功的人物。这首词写出了他在逆境中的一种超旷的人生态度。"莫听"二句，写得何其轻松！"竹杖"三句，写得何其超旷！逆境中能有如此态度的实在不多。古来超旷者，都不自苦、自溺于人生之逆境，而是更能超越其上，作一种更远的人生之展望。他们对自己充满信心，他们只把眼前的逆境当作人生途中必须经过的一个小小的曲折，所以下阕头两句只略言雨中稍觉的一丝凉意，旋即写山头已见晴光。乌云不能长遮日，天下必有转晴时，这一点风雨又何足道哉！因而有末三句"回首向来萧瑟处，归去，也无风雨也无晴"之超然旷达的观照。这既是写雨后之实景，也是作者由此实境中超越出来而对人生前程所作的一种展望与设想。人生苦痛经过后，再回首，一切即如平常，那么当其风雨来时，又何必仓皇狼狈？

而倘无东坡那种将其立身之志意与超然之襟抱完美地融合为一处的修养，则谁人能在逆境中有“余独不觉”的超旷呢？他的学养、他的襟抱、他的那种作为精神支撑的“士”气——即真正的知识分子的人格力量，岂止是能够使他面对黄州之贬，更使他能够面对终生的苦难。神宗说他“心中无事”，实际上那就是他内心的澄明无碍，所以他在惊涛骇浪中仍能稳睡，所以他在大苦大难中仍能笑着唱歌。

北宋词史上，苏东坡和柳永是两颗巨星，苏东坡是“太阳”，柳永是“月亮”。历代评论家都不愿意把苏与柳并论，爱苏之心，无可厚非；卑柳之论，往往就下得太狠。东坡并不卑柳，他对柳永那类有高远气象的句子如“渐霜风凄紧，关河冷落，残照当楼”，就十分推崇。他也曾有“我词比柳如何”这一类的发问，这种发问本身就是一种平等的对待，当人们说，柳词须十三女孩持红牙板唱“杨柳岸、晓风残月”；苏词须关西大汉把铁绰板唱“大江东去……”时，苏东坡也不去较量了。柳永词唱遍天下，自有柳词动人的地方；苏东坡词指出向上一路，自有苏词撼人的力量。他们走的是两种不同的路，各自都走出了辉煌。柳永使词在“音乐化”“市场化”的路上走；苏东坡使词在“诗歌化”“文人化”的路上走。柳永在形式上开拓；苏东坡在内容上开拓。苏东坡以其胸襟气势方面开后来张孝祥、陆游、辛弃疾一派；柳永以其工力技巧方面开后来周邦彦、姜夔、吴文英一派。苏东坡以诗为词，使词的领域扩大，地位提高；柳永深谙音律，使词之本体得以长足发展。世界上不能只唱“大江东去”，也不能只唱“晓风残月”，宋代的词坛本来就是多元并存的，后世评家又何必厚此薄彼呢？

『雾失楼台，月迷津渡』的秦学士

秦观的词，确实是“情辞相称”的。秦观真是会用字遣辞，有很多词中的字句，真如晁补之说的“虽不识字人，亦知是天生好言语”。辞情相称而生“韵”，这种韵味不是柳永的那种风情万种；也不是晏小山的那种没落的妖娆；而是像一个出身书香门第的女孩迷失于驿程的那种孤立无援，风尘扑面而不掩旧家风致；若一枝梨花春带雨，有一种风雨摧残中柔弱的美丽。

辞情相称

柔情似水，佳期如梦

秦观、黄庭坚、晁补之和张耒属“苏门四学士”中的人物，再加上陈师道和李廌，这六个人被称作“苏门六君子”。“六君子”中的陈师道（字无已，号后山），也就是“后山居士”，对当时的词人做过一些批评，一方面认为柳永“俗”，另一方面又认为苏东坡脱离“本色”（见《后山诗话》）。那么谁更好一些呢？在他看来，“今代词手，惟秦七、黄九耳，唐诸人不及也！”（见《苕溪渔隐丛话》后集卷三十三）他所说的秦七黄九，就是我们现在要说的秦观和下回要说的黄庭坚。

苏东坡曾戏称：“山抹微云秦学士，露花倒影柳屯田”，这是把秦观与柳永并言的，秦观确实受到柳永的影响，有一些柳七郎的味道。但是秦观比柳永雅一些，同时也弱一些。柳永保留了一些词的原生状态，故近俗，但也有一种原发的力量在；秦观雅化了那种原生状态的“俗”，同时也弱化了那种原发的力量。秦观的词以“韵”胜，这“韵”不只是外表的感人，而是从里到外的动人。

秦观（1049—1100），字少游、太虚，号淮海居士。高邮（今属江苏）人。神宗元丰八年进士。他屡考屡挫，之所以在元丰八年，他三十六岁才终于中了进士，这可能与苏东坡把他推荐给王安石，而王安石又非常欣赏他有关系。他和苏东坡关系十分密切，熙宁（1068—1077）末，在彭城认识苏东坡以后，他们就成了很好的朋友。他景仰东坡，信任东坡，就是苏东坡罹罪，被贬黄州，他闻讯后，也亲至吴兴探听，又去信黄州问候，关心备至，不避安危。他与苏东坡，真可以说是声气相投，如影随形。他与苏东坡有生死之谊，他的一生也就跟苏东坡那灾难的一生绑在了一处，他也是屡遭贬谪，由处州而郴州，由郴州而横州，由横州而雷州，像苏东坡一样，越贬越远，以至天涯海角。他的一生，可以说是非常不得意的一生，青年时期，屡困场屋；及入仕，近十年的官场生活也是欢娱无多，常遭打击、排挤，志不得抒；绍圣（1094—1098）以后，就连遭贬谪，转徙流离，在郁郁寡欢、贫病交迫中，五十二岁就魂归天国了。苏东坡对他的死十分痛心，书其词句于扇而叹曰：“少游已矣，虽万人何赎！”（见《苕溪渔隐丛话》前集卷五十）

秦观一生的不得意，对他的词影响甚大。在他的手里，词仍是“艳科”，今存之《淮海词》，十之八九是写艳情的，而其成功又不在单纯的艳情，他把身世之感并入艳情，则其词的“婉约”是“深”而不“腻”，这一点应该有欧阳修的影响在，所谓欧阳文忠公的“深婉开少游”。正因为把身世之感融入艳情词中，所以在他的词中就有一种由凄婉到凄厉的变化，这是从“情”这个角度去说的。蔡伯世曾说：“（苏）子瞻辞胜乎情，（柳）耆卿情胜乎辞；辞情相称者，惟少游而已。”（《古今词话》引）秦观的词，确实是“辞情相称”的，秦观真是会用字遣词，有很多词中的字句，真如晁补之说的“虽不识字人，亦知是天生好言语”。辞情相称而生“韵”，这种韵味不是柳永的那种风情万种；也不是晏小山的那种没落的妖娆；而是像一个出身书香门第的女孩迷失于驿程的那种孤立无援，风尘扑面而不掩旧家风致；若一枝梨花春带雨，有一种风雨摧残中柔弱的美丽。

晏小山是“花间”路上最后的贵族，秦观没有“贵族气”了，所以他对传统并不像晏小山那样死守，在他的词里，没有那种对传统题材的顽固的依恋，但他又不像苏东坡那样放开手脚地无话不成词，更不甘心于柳永的“随行就市”，在风月场上、在歌曲“市场”上骋尽风流。他保有着旧家风范，也有限度地接受了一些新的东西。李清照说他的词像个“贫家美女”“虽极艳丽丰逸，而终乏富贵态”，说他没有“富贵态”，这是对的；说他像“贫家美女”，似非是。他还是像个书香门第的女孩迷失于驿程，骨子里不改旧仪，而现实的苦难又在他原有的单纯上染有世路风雨的凄凉和世事变化带来的悲伤。他的词是“伤心人”的词，这个“伤心”里面是他的“身世之感”；所谓他的“旧家风范”指的是“艳情”，但不是“贫家女”的艳情，而是“书香门第女孩”的“艳情”。他的词里的“艳情”是脱俗的“艳情”，是有着“身世之感”的“艳情”，如果说晏小山的词“如揽嫱（王昭君）施（西施）之袂”的话，那么秦观的词则如后来《红楼梦》里写的葬花之黛玉。他的词里面真是有一种很深的失落和感伤，杨海明先生说：“我们可以用‘柔情似水，佳期如梦’来拟秦观的词品。”（见《淮海词笺注》前言）我看若拟秦观的词品，倒不如用“雾失楼台，月迷津渡”更合适一些，因为在秦观的词中常常可以读出美好生命的迷失与未来人生的无路。

长调中的心神摇荡

伤情处，高城望断，灯火已黄昏

秦观是小令、长调都能写的，可以说都写得出色。我们先说他的两首长调，一是那首很有名的《满庭芳》，词云：

满庭芳·山抹微云

山抹微云，天连衰草，画角声断谯门。暂停征棹，聊共引离尊。多少蓬莱旧事，空回首、烟霭纷纷。斜阳外，寒鸦万点，流水绕孤村。

销魂。当此际，香囊暗解，罗带轻分。谩赢得青楼，薄幸名存。此去何时见也，襟袖上、空惹啼痕。伤情处，高城望断，灯火已黄昏。

这应该是他青年时期的作品，《苕溪渔隐丛话》引《艺苑雌黄》说："程公辟守会稽（时在神宗熙宁十年至元丰二年十二月，即公元1077—1079年，见《北宋经抚年表》卷四），少游客焉，馆之蓬莱阁。一日，席上有所悦，自尔眷眷，不能忘情，因赋长短句，所谓'多少蓬莱旧事，空回首、烟霭纷纷'是也。"据考证秦观有《别程公辟给事》诗句云："买舟江上辞公去，回首蓬莱梦寐中。"与此词语气相似，所以这首词大概是他离开会稽时作的，那时他大概还不到三十岁。这是一首叙写别情的词，头三句写离人所见所闻，"抹"字"连"字用得好，"连"字一本作"粘"或"黏"，亦好。此如造物主以无形之手布置的景致，足见秦观敏锐善感之心性。"微云""衰草"，已见淡淡之哀伤；又兼画角声悲，愈加断肠。"暂停"二句写饯别，可与柳永《雨霖铃》之"都门帐饮无绪，留恋处，兰舟催发"同读。"多少蓬莱旧事"二句，当是指《艺苑雌黄》上说的席上所悦之官妓的一段情事。"烟霭纷纷"，有过眼云烟之慨，言其短暂；而烟霭迷离，此中又纠缠着许多眷念与说不清楚的惆怅。"斜阳外"三句，袭用隋炀帝诗句："寒鸦千万点，流水绕孤村"，如晏小山之用翁宏之"落花人独立，微雨燕双飞"入词，同是用得妥帖，全无痕迹，自然而然，如同己出。“斜阳外，寒鸦万点，流水绕孤村。”写得真是好，诚如秦观的朋友晁补之说“虽不识字人，亦知是天生好言语”。

下片写离怀万种，愈思愈悲。“销魂”，伤别至极，心神摇荡之谓。江淹在《别赋》中云：“黯然销魂者，唯别而已矣。”此处继写临行暗解香囊、轻分罗带以赠别，别情浓极、悲极！“谩赢得”二句，以自责口吻怨别。薄幸非吾愿，但此去不知何日归，怕空劳情人牵挂，本不欲负人也深负于人了。“谩”有不经意的意思，不提防的意思，不提防处就得来了青楼薄幸名，天不遂人愿之叹，不忍分离之缱绻，尽在其中了。“此去”二句，一开一合，叹再见之难。“伤情处”三句，由写情又归入写景，遥与首三句挽合，用欧阳詹“高城已不见，况复城中人”（《初发太原途中寄太原所思》）句意，感伤之至。从“天连衰草”看、从“灯火黄昏”看，这也是写秋、写暮，这自有柳永的味道；更兼句法，也在柳氏左右盘桓，所以苏东坡见了秦观就说他学了柳七（见《花庵词选》）。柳永词唱遍天下，秦观不能不受影响，在他的一些艳情词里，能够看出他是远祖温、韦，近袭柳七的，但也是取神不取貌，写出了一己之风格。他是不太取东坡的，取东坡的是黄山谷。下面再看他一首《望海潮》：

望海潮·梅英疏淡

梅英疏淡，冰澌溶泄，东风暗换年华。金谷俊游，铜驼巷陌，新晴细履平沙。长记误随车。正絮翻蝶舞，芳思交加。柳下桃蹊，乱分春色到人家。

西园夜饮鸣笳。有华灯碍月，飞盖妨花。兰苑未空，行人渐老，重来是事堪嗟。烟暝酒旗斜。但倚楼极目，时见栖鸦。无奈归心，暗随流水到天涯。

这是一首忆旧词，而不宜仅以“忆旧”读之。“梅英”三句，是一年一度春又回的物象，引出了作者在又是一年春到处的感慨。“暗换”二字极重要，不仅写眼前物界之变化，亦暗示着人事之变化，其中今不如昔之感，直贯结句。由上片“金谷俊游”至下片“飞盖妨花”，皆忆旧日之事。金谷园，铜驼路，皆洛阳胜迹，这里秦观是以洛阳胜迹说汴梁。“金谷”三句，写旧日在风和日丽之时，漫步于美景之名园与繁华之街道，写天气而曰“新晴”，写漫步而曰“细履平沙”，心情之闲适可见。“长记误随车”后诸句，写春意迷人。“误随车”借用韩愈《嘲少年》“只知闲信马，不觉误随车”之意，写出春光迷醉游人心魄。五代词人张泌把韩诗敷衍出一首《浣溪沙》，把韩愈的无心之“误”写成佯醉随行，都是写春花美人在春天里的迷人，写人在春天里的心荡神摇。“絮翻蝶舞”，是浓艳之春色的叙写，人在其中，自然“芳思交加”，不能自禁。而如此浓丽之春光，又岂是少游一人独赏？它已被同时分送到万户千家了。“乱分春色”的“乱”字极好，沈祖棻《宋词赏析》说：“它将春色无所不在，乱哄哄地呈现着万紫千红的图景出色地表现了出来。”同时，这个“乱”字也有一种不容你拒绝的意义，人们不能不接受这美好的春光，春天使人感觉到了一种人生的力量，使得人们感觉到生活一下子有了生机。而从人这个角度说，人们宝贵春光，热爱春光，争着去沐浴春光，所以这个“乱”字，就不仅从“春色”此一角度说是一种万紫千红的呈现，也是从“人家”此一角度指人们争抢一分春色的生命之焕发。

下片“西园”三句，则由美景写到美宴，时间则是由白天转入了夜晚。“华灯碍月”，写灯光如昼；“飞盖妨花”，写宾友如云。那种灯火辉煌，车水马龙的盛况，真是让人不能忘怀。那时候有苏东坡兄弟、黄山谷、晁补之，还有很多其他的朋友都在京城，对少游来说，那是多么辉煌、多么值得留恋的一段人生经历啊！写旧游越是写得热闹，就越衬托出当下的凄凉寂寞。“兰苑”三句，写今已非昔比，物是而人非。好时光没有了，好朋友没有了，好心情自然也没有了，所以说“重来是事堪嗟”。“烟暝”三句是目前冷落之景象，正与昔日西园盛况形成鲜明对照。所见“酒旗”“栖鸦”“流水”，已完全没有了旧日的色彩。末二句以思归作结，而归向何处，又不得而知；天涯海角，也可能永远没有个归宿。惜往日，春风得意；对来时，四顾茫茫。在时间与空间的两两比照中，盛衰之感，尽在其中了。

小令中的柔婉与凄厉

自在飞花轻似梦，无边丝雨细如愁

较之于长调，秦观还是小令作得好，长调有时候就不免絮叨，如苏东坡就说他的《水龙吟》“小楼连苑横空，下窥绣毂雕鞍骤”，是“十三个字，只说得一个人骑马楼前过。”（《历代诗余》引《高斋诗话》）北宋小令作得好的，就应该推晏小山和秦观了，我们说过，晏小山的词如楼台院落中的一树杏花，那么秦观的小令则如驿馆断桥边的带雨梨花，有一种柔弱的娇美，有一种朦胧的深情，有一种离家的失落，有一种迷惘的伤心。

我们先看他的一首《浣溪沙》：

浣溪沙·漠漠轻寒上小楼

漠漠轻寒上小楼，晓阴无赖似穷秋。淡烟流水画屏幽。

自在飞花轻似梦，无边丝雨细如愁。宝帘闲挂小银钩。

此词言一种莫名之惆怅，朦胧之感。上片写一种缓慢的时间流程，从而构成一种空间的气氛“无聊赖”的弥漫。这可以从“漠漠”“晓阴”“无赖”“穷秋”“淡烟”“幽”等字中看出。

这中间也有表动作的词如“上”和“流”，而“上”是从女主人公感觉的角度设想，将“轻寒”拟人化了。“上”字尽管表示动作，却也是极缓慢的，惟有极敏感的女主人公才能感觉到它的缓缓登楼入户，凉满衣裳。“流”字则是画屏上的水之动状，它实际上是不动的。而不动之画屏上的流水，竟能牵动那女子的注意力，则更见环境的没有生气。

下片“自在”二句，是公认的天下好对子，其好处不只在形式上呈现出一种和谐与对称，而是在这种极工整的对句中，写出了女主人公的一种心绪的对比。那女子见到飞花而觉其“自在”，由此种自然物中的“自在”联想到自己的梦境，她的梦境是自在的，像飞花一样轻盈，无牵无挂，却又那么情意绵绵（杜甫《白丝行》中就说“落絮游丝亦有情”）。她见到雨丝而体认到“无边”，这个“无边”不仅是空间意义上的无边无际，亦是时间上的无止无休，于是由此联系到了日日之“愁”绪。可见充斥于她的生活中的，主要是“无边丝雨”一样的闲愁和“自在飞花”一样的梦境。醒着的时候是满处的闲愁，这种闲愁是一种生命的没有意义，生活的没有活力。而惟有在梦中，她才会像杨花一样飞起来。虽然也是无根之飘蓬，但也聊有一种无牵无挂的“自在”。所以在此比较之中，还是睡去的好，因有末句之“宝帘闲挂小银钩”。银钩闲挂，则帐幔落下，人复入梦中矣。这首词通篇写的也就是一种感觉，秦观是极善于写心灵中那种最为柔婉精微的感受的。此词好在描写之细微，不用重笔，一切是淡淡的，感伤也是淡淡的。读这类词，似不必非要去探究其意境的深远，而只就其晶莹敏锐的善于感发的资质看，就足以说明作者是一位能够用心灵去写作的词人了。所以冯煦在其《宋六十一家词选·例言》中说："他人之词，词才也；少游，词心也。得之于内，不可以传。"

再说他的一首《踏莎行》：

踏莎行·郴州旅舍

雾失楼台，月迷津渡。桃源望断无寻处。可堪孤馆闭春寒，杜鹃声里斜阳暮。

驿寄梅花，鱼传尺素。砌成此恨无重数。郴江幸自绕郴山，为谁流下潇湘去。

这是绍圣四年（1097年）秦观被贬郴州（今湖南郴县）时作的一首词。这次贬郴州是秦观仕途中的第二次被贬，第一次是绍圣元年（1094年）坐党籍贬处州，其获罪名义出于党派之争，那个被贬的理由还聊可说得过去；而第二次由处州被贬往郴州，那理由就真是荒唐了。这理由叫"谒告写佛书"。"谒告"就是因病告假，而在病假中写佛经，却被人深文罗织，做了个罪名，将秦观贬往郴州去了，真是欲加之罪，何患无辞！这种"莫须有"的罪名加在秦观这样极易感伤的人身上，则可知其内心绝望悲苦的心境之恶了。

此词头三句，是被贬后心境的写照，是极绝望之语。“楼台”，盛处之喻也；“津渡”，出路之喻也；“桃源”，乐土之喻也。这都是喻象，殆非实景，而于“失”“迷”“无寻处”说之，是言一切生存之希望尽失，绝望至极。“可堪”二句，转叙实境，写苦痛不能禁受之感。秦观原是一个在感性方面极为敏锐细致的词人，此二句中之“孤馆”“春寒”“鹃声”“斜阳”，并集于斯，见出少游感觉极细微，所处、所感、所闻、所见，无不拍动心扉，不言愁，而愁自难堪矣。

下片“驿寄梅花”三句，极写远谪之恨。“驿寄梅花”用陆凯“折花逢驿使，寄与陇头人。江南无所有，聊寄一枝春”诗意，写远谪之后，念远怀乡之情多，纵写得，亦难罄离恨，故有“砌成此恨无重数”之句。吴世昌《词林新话》谓“一‘砌’字最见功力”，而未云所以；叶嘉莹在《灵谿词说》里对“砌”字说之甚详，她说：“‘砌’者何？砖石之砌筑也；曰‘砌成此恨’，则其恨积累之深重与坚固之不可破除，从而可以想见矣。”在如此之深重与坚固的苦恨中，遂有下面“郴江幸自绕郴山，为谁流下潇湘去”这样向苍天的无理至极、沉痛至极的究诘。郴江绕郴山而终流下潇湘，这本是山水地理之固然，但中间加上“幸自”与“为谁”，则“郴江”亦含情矣，郴江就成了秦观心中的一种喻象。江水一去不复返，滔滔流去多少离恨！而“为谁流下潇湘去”此一问，则正是秦观面对使他“奇祸一朝作，飘零至於斯”（后来在雷州作《自作挽词》中语）的无情天地的深悲极怨般的究诘。这是谙尽人生滋味的一种究诘，所以亦谙尽人生滋味的苏东坡就十分看重这两句词，秦观殁后，他将此二句书于扇，曾长叹曰：“少游已矣，虽万人何赎！”

这是秦观后期词的代表作，较之前期所作，虽仍共有一份极锐敏善感之心，但此时的词更结合了他平生苦难之经历，使他这一时期的词，由早期的凄婉转入了一种凄厉的风格。

秦观后期所作的词，常常读着让人哭。在横州作过一首《醉乡春》，写他醉了：“觉倾倒，急投床，醉乡广大人间小！”这与李后主“醉乡路稳宜频到，此外不堪行”（《乌夜啼》）同是让人读了就受不了的句子。贬谪生活使他常在醉梦中度日，可是即便把醉梦写在词里，也是那么苦！他有一首《好事近》是梦中作的，末二句云：“醉卧古藤阴下，了不知南北。”这成了词谶，后来他就死在了藤州瘴江边上的光华亭，《苕溪渔隐丛话》记其死时情状云：“时方醉，起，以玉盂汲泉，欲饮，笑视而化。”人间真是太小，他在醉乡中回视一笑，就化入更广大的另一个世界里去了……他是在被赦还的归途中死去的，苏东坡亦在赦还的归途中，闻秦观噩耗，“两日为之食不下”（《与欧阳晦夫书》中语）；且叹道：“哀哉！痛哉！世岂复有斯人乎？”（《与李之仪书》中语）秦观灵舟还乡，夜泊时护灵人歌他的《临江仙》词，其中有“微波澄不动，冷浸一天星”，摇动岸边闻歌之人……

『风流犹拍古人肩』的山谷道人

读山谷词，真能觉出一股倔强劲儿，倔强之中有姿态。他在苏门，对老师苏东坡十分钦敬，以诗法入词，与坡公同，且尤过之。东坡尚顾及词的特质，而山谷有时好像忘了是在作词还是作诗。他的词朴老、明快、劲折，没有花间、婉约一路的幽约迷离，所以他是“当行”之外的别派。他的词，很像他的书法，如苍崖老树，根深蒂固，有着不在乎一切风雨的傲岸。他的弱处在于没有把他那清刚峭拔之长与词体之幽约馨逸的传统之美融合无间。

妙脱蹊径，迥出慧心

送君归去玉帝前，若问旧时黄庭坚，谪在人间今八年

若说宋诗，不知苏东坡犹可，不知黄山谷绝不可。宋诗最重要的应该是“江西诗派”，“江西诗派”的领袖是黄山谷。

黄庭坚（1045—1105），字鲁直，号山谷道人，晚号涪翁，洪州分宁（今江西九江修水）人。少有诗才，八岁时作送人赴举诗中云：“送君归去玉帝前，若问旧时黄庭坚，谪在人间今八年。”他大概想自己也如李白一样是谪仙人呢，他也真是天分极好，幼警悟，读书数过辄成诵。他的舅舅过其家，取架上书问之，无不通，十分惊讶，以为一日千里。（见《宋史・黄庭坚传》）他的记性之好有如苏东坡，晚年在宜州贬所，为一余姓官吏写《范滂传》，他凭记忆默诵而书，仅有二三疑误，人相顾愕服。山谷曰：“《汉书》非能尽记，如此等传，岂可不熟？”（见《桯史》）

黄山谷是“苏门四学士”之首，虽然他能和光同尘，但也

受苏东坡影响，吃了苦头。我们讲苏东坡词时说过，“乌台诗案”以后，北宋的党争越来越不讲理了，政治也越来越不讲理了。山谷在这种不讲理的党争中，也是常遭贬谪，且越贬越远，至其临老投荒，穷死贬所。山谷与东坡都以诗名天下，而黄过于苏；亦以词闻于天下，而苏更胜于黄。黄山谷青年时多作诗，时称“庭坚体”，开江西一派；临老投荒时，则颇多填词，诗却不多作了。苏东坡正相反，壮年时轰轰烈烈地作了很多词，在词坛上轩然涌起大波，至老谪儋、惠之时，则词不多作而诗性不减。山谷老年作于贬所的一些词确实好，有东坡之气象。

黄山谷为我们留下来的词，不算多，也不算少，归结起来看，大概可分两类，一类是俗的，一类是雅的。俗的那一类，大抵少作，后来就渐渐不欲为了，如《柳塘词话》曰：“鲁直少时，使酒玩世，喜作词。法云秀诫之曰：‘笔墨劝淫，乃欲堕泥犁中耶？’鲁直曰：‘空中语也。’后以桂香无隐，因缘有省，居官一如浮屠法。间作小词，绝不似桃叶、团扇斗妖丽者。”（清沈雄《古今词话·词评》上卷）山谷俗词，以俚俗之语写侧艳之情、玩世之态，大多浅俗亵诨，鄙俚软媚，为人所诟病。但是这类词的抒情之大胆，用语之直率，在北宋词中实为少见，当可视为“金元曲子”的滥觞。他年轻时作的艳情词，颇弱，也没有多少个性可言，如他十六岁作的一首《画堂春》，像秦观作的。词曰：

画堂春·春情

东风吹柳日初长，雨余芳草斜阳。杏花零乱燕泥香，睡损红妆。

宝篆烟消龙凤，画屏云锁潇湘。夜寒微透薄罗裳，无限思量。

这是婉约一类的词，与秦观词颇类，所以有人也把这首词归入《淮海词》。这首词不算俚俗，却乏个性，山谷的词还是晚年的好，有自家风格，写贬谪生涯，抒旷达胸怀，笔力奇横无比，中有一片深情。

断送一生唯宦海

平生个里愿杯深，去国十年老尽少年心

山谷五十岁那年，哲宗亲政改年号为“绍圣”，新党得势，旧党遭殃。黄山谷因修《神宗实录》而遭章惇（时为宰相）等新派的不满，被召到京师勘问。那时他刚服满母丧，得诏后进京，过湖口时得遇被贬往岭南的苏东坡，此次挥泪而别，便成永诀。在京里对他的勘问也是鸡蛋里面挑骨头，做了些罪名就贬为涪

州别驾，在黔州安置。杨希闵为黄山谷作的《年谱》中说：“谪命下，左右或泣下，公颜色自若，投床大鼾。君子是以知其不以得丧休戚芥蒂其中也。”这样他就去了黔州。在黔州他作过一首《定风波》：

定风波·次高左藏使君韵

万里黔中一漏天，屋居终日似乘船。及至重阳天也霁，催醉，鬼门关外蜀江前。

莫笑老翁犹气岸，君看，几人黄菊上华颠？戏马台南追两谢，驰射，风流犹拍古人肩。

世路多风雨，贬所亦苦辛，黔中漏天多雨，居屋如同乘船，这时候怎么办呢？苏东坡是“谁怕！一蓑烟雨任平生。”秦观是“觉倾倒，急投床，醉间广大人间小。”山谷不似秦观而略如东坡，他能排遣。内心澄明，为人对得起天下，朝廷那点罪名，不就是加上去的吗？又何足道哉！风雨固多，可“重阳天也霁”；“鬼门关”虽远，可在他看来，“鬼门关外莫言远，四海一家皆弟兄”（《竹枝词》中句）。你看这老翁真是气概傲岸，黄菊插上白发间，纵老矣，风流犹拍古人肩。黄菊插发，成了他傲岸的象征，在他五十五岁作的一首《鹧鸪天》里又一次出现：

鹧鸪天·黄菊枝头生晓寒

黄菊枝头生晓寒，人生莫放酒杯干。风前横笛斜吹雨，醉里簪花倒著冠。

身健在，且加餐，舞裙歌板尽清欢。黄花白发相牵挽，付与时人冷眼看。

此词前有小序曰 ："座中有眉山隐客史应之和前韵，即席答之。"史应之，名铸，眉山人，是活动在戎州、泸州一带的隐士。这时山谷又被改在戎州安置，结识了史应之这个隐中狂客。山谷在另一首词中称史应之为"淫坊酒肆狂居士，李下何妨也整冠"，以此知史应之是个不拘礼法的狂狷之士。这首词作于元符二年（1099年）重阳，此前黄山谷曾有一首《鹧鸪天·自嘲呈史应之》，史依韵回赠了一首，我们现在说的这首《鹧鸪天》是山谷再答之作。"黄菊"一句，点明时令，时届秋日，已有寒意，而此"秋"与"寒"，亦寓人之迟暮之感。"人生"一句，谓以酒解寒，亦以酒解忧也。"莫放酒杯干"，谓饮酒不住，亦见苦痛之重。"风前"二句，写狂态醉态极逼真。清代沈谦《东江集钞》中说 ："东坡'破帽多情却恋头'，翻龙山（魏晋时孟嘉落帽于龙山）事，特新。山谷'风前横笛斜吹雨，醉里簪花倒著冠'，尤用得幻。"极幻亦极真，既写史应之，更骋一己之怀。写狂醉之态，是写一种超拔，超拔就是一种"忘"，一种"化"，是把苦痛"化"掉。

下片“身健在，且加餐”，进一步写“忘”与“化”。饥来吃饭，困来打眠，不要被世事、被自己的感伤之情扰乱了正常生活。这就是黄山谷了，这就是与秦观的不同而与苏东坡的通会了。“舞裙歌板”是言歌舞，在歌舞中享受清欢，这也是一种“忘”，一种“化”，“忘”就“忘”个彻底，“化”就“化”个干净，一切世俗规矩、价值标准，与我无涉，世俗认为老人簪花可笑、可羞，而我辈狂客，偏是“黄花白发相牵挽”，时人之冷眼我又何足惧哉！黄山谷这种对于一己之人格的持重，不与流俗沆瀣一气，在很多地方都有所表现。我们知道他是宋代非常著名的书法家，他有一段论书法的话说：“老夫之书，本无法也。但观世间万缘，如蚊蚋聚散，未尝一事横于胸中，故不择笔墨，遇纸而书，纸尽则已，亦不计较工拙与人之品藻讥弹。”这就是一种“忘”的境界。人若能“忘”能“化”，则能“真”能“得”，则能活得痛快。苦痛借“化”而消，人格借“忘”而健。“忘”不是阿Q式的把“有”当作“无”，“忘”是一种正视“有”而不为“有”所羁的处世态度。君子坦荡荡，小人（俗人）长戚戚，黄山谷，君子也。他以“儒学”为中主，兼收佛老，克己以正心，“以道义敌纷华之兵”（《与王子予书》），从而进入一种不为外物所动心的“自由”状态，这就是他诗中说的“俗里光尘合，胸中泾渭分”的人生态度。山谷以此为“不俗”。他曾说：“余尝为少年言，士大夫处世可以百为，唯不可俗，俗便不可医也！……视其平居，无以异于俗人，临大节而不可夺，此不俗人也。”（《书缯卷后》）他的内心是澄明的，所以他不管别人怎么说他，怎么看他，他痛痛快快地喝酒，坦坦荡荡地簪花，在贬所“以登览文墨自娱，若无迁谪意”（转引自《豫章黄先生词》附录明嘉靖本《山谷全集》中的《豫章先生传》）。这首词读来豪兴满纸，这自然来自山谷对人生的深刻的理解与彻底的觉悟。

我们再看一首他六十岁时作的《虞美人》：

虞美人·天涯也有江南信

天涯也有江南信，梅破知春近。夜阑风细得香迟，不道晓来开遍向南枝。

玉台弄粉花应妒，飘到眉心住。平生个里愿杯深，去国十年老尽少年心。

这是黄山谷第二次被贬，被送往宜州管制时作的。宋徽宗即位后，山谷被赦还，离开戎州东归，路上任免之命频换，在沙市时接到的任命是回京任吏部员外郎，时山谷流放八年，体弱多病，又才经丧弟之痛，所以上表请辞，乞知太平州（今安徽当涂）或无为军（今属安徽），只求“太平”与“无为”了。他就在荆州等着朝廷的命令。荆州有承天寺，山谷写《承天院塔记》，埋下祸根。朝廷答应他去太平州，他就离开了荆州，过岳阳时有诗句云：“未到江南先一笑，岳阳楼上对君山。”可是他也笑得太早，“太平州”也不太平，做了九天的官就被罢免了。

丘信

这时蔡京等立“党人碑”，又对所谓旧党猛攻，山谷又遭文字之祸，他的《承天院塔记》被诬以“幸灾谤国”，他就被除名羁管宜州（今属广西）了。宜州比黔州、戎州更为荒远，有人怕山谷受不了那里的瘴气，可山谷说：“宜州者，所以宜人也！”于是他从容地“深入不毛”。路过潭州时，遇到秦观的灵柩北归，他与护送灵柩的秦观之子与婿执手大恸，并赠银以资葬费。（见《独醒杂志》卷三）这是崇宁三年（1104年）的事，这一年的十二月，他已在宜州贬所，他的哥哥黄大临自永州千里迢迢来宜州看他，他与哥哥出游时见梅花开放，就作了上面那首《虞美人》。

谪居天涯见到梅花，这对于他也是一点点的安慰。诗人喜欢春天，这时他已是六十岁的老人，且贫病交加，他或许以为此生不可能再体味到春天的喜悦了，但梅花却给他带来了春的消息，又兼这时哥哥远道而来，他们的手足深情不亚苏轼与苏辙，所以这使他在穷老之时，心里多少有了一丝暖意。他觉到了“春近”，他渴望着生机。“夜阑”二句是头两句的倒装，上片四句的意思是：夜深时风微而香迟，已知有花，及晓来一望，花已开遍向南枝，由此感激守信之梅花为谪人送来春的消息。这里自然寓有诗人的一种渴盼，渴盼春天来温暖一下被政治风雨冷透了的一颗心。他渴望着他的生命有一种转机，他好像看到了这种转机就要来临。

下片作者化用了一个有关梅花的典故，《太平御览·时序部》引《杂五行书》云：“宋武帝（刘裕）女寿阳公主日卧于含章殿檐下，梅花落公主额上，成五出花，拂之不去。皇后留之，看得几时。经三日，洗之乃落。宫女奇其异，竞效之。今梅花妆是也。”山谷在这里用此典故，或表示欲将春天留住。寿阳公主以其美貌将梅花留住，黄山谷则要以其热爱春天的一份真诚将传递春天消息的梅花留住。黄山谷作为“江西诗派”的鼻祖，极善用典，点铁成金，化腐为新，此处用典，极能写尽他此时的心情。末二句是说，若是在过去，他这个遇到好事就要豪饮的人一定要饮酒欢乐了，然而十年的贬谪生活，使他没有了豪饮的力量。他感觉到了身体的老和心力的弱，他愿意报春的梅花成为挽救他的力量，可以说，他虽然颇感伤于他的心力交瘁，但他在梅花初放之时，好像感觉到了一种生命的转机，或者说是幻化出了一种生命的转机。此词读来虽有伤感，却不颓倒，这里有对生命的渴望与留恋。

山谷热爱生命，可是我们在这首词里读出他已走在生死的边缘。在宜州他生活得十分苦，地方官是个势利小人，逼得他无处安身，最后住在一个戍楼上。写过《虞美人》之后，转过年来，即崇宁四年（1105年）的二月，哥哥回去了，他孤居戍楼，好在这时有个叫范寥（字信中）的成都学子陪伴着他。这年的重阳节他作了一首《南乡子》，内有“万事尽随风雨去，休休。”这可能是他最后的一首词了，没过多久，他就去世了。陆游《老学庵笔记》里记曰：“秋暑方炽，几不可过。一日忽小雨，鲁直饮薄醉，坐胡床，自栏楯（栏杆）间伸足出外以受雨，顾谓（范）寥曰：‘信中，吾平生无此快也！’未几而卒。”他就这么去了，走时无一亲人在侧。幸有范寥为他料理后事，四年后又护送灵柩归葬故里。

黄山谷的词，成就自然比不得他的诗，但在北宋词坛，自有其地位。山谷天分极高，性情耿介，其文艺创作但求自成一家，不肯依傍他人门户，所谓“随人作计终后人，自成一家始逼真。”读山谷词，真能觉出一股倔强劲儿，倔强之中有姿态。他在苏门，对老师苏东坡十分钦敬，以诗法入词，与坡公同，且尤过之。东坡尚顾及词的特质，而山谷有时好像忘了是在作词还是在作诗。所以晁补之说他的词“不是当行家语，乃著腔子唱好诗也。”（《侯鲭录》卷八）他的好处在“妙脱溪径，迥出慧心”（《四库全书总目提要》），他的词朴老、明快、劲折，没有花间、婉约一路的幽约迷离，所以他是“当行”之外的别派。他的词，很像他的书法，如苍崖老树，根深蒂固，有着不在乎一切风雨的傲岸。他的弱处在于没有把他那清刚峭拔之长与词体之幽约馨逸的传统之美融合无间。按缪钺先生的话说，这种融合的工作是到了南宋的姜白石才得以完成的（见《灵谿词说》第277页）。

『幽洁』『悲壮』的贺方回

贺方回以词知名，“盛丽”的、“妖冶”的、“幽洁”的、“悲壮”的，样样都能来得。清朝人陈廷焯说：“（贺）方回词，笔墨之妙，真乃一片化工。离骚耶，七发耶，乐府耶，杜诗耶，吾乌乎测其所至。”（《词坛丛话》）这是一种很“文人化”的东西，这其中积淀浸润着的文化心理与高雅的审美感受，是极具文人特色的，是苏轼词那种“文人化”倾向的深入，也是与周邦彦词的一种呼应。以俗为雅，以故为新，是北宋末期诗词创作中一种“主流”性的审美倾向。

方回乐府，妙绝一世

病来把酒不知厌，梦后倚楼无限情

贺铸（1052—1125），字方回，自号庆湖遗老，卫州（今属河南）人。他是太祖贺皇后的族孙，也算是个远远的皇亲了。他自己还说是唐代大诗人贺知章的后代，也无从考察其真伪。他长得魁伟，面如铁色，眉目耸拔，不是那种风流倜傥的面貌，时人称他为“贺鬼头”。为人近侠，敢说敢做；博闻强记，长于度曲。其初为武职，后改文官。因为“尚气使酒”（《宋史·文苑传五·贺铸》）这类性格上的问题，仕途不顺，后来就退居吴下，杜门校书，以遂其老。他家藏书非常多，他也是个爱读书又善读书的人，他的词也爱用典，又常隐括古人诗句入词，这应与他读书多有很大的关系。他和当时的一些文化人多有来往，除了上面说过的苏门人物，他与著名的书法家米芾亦常论辩，《宋史·贺铸传》上说：“是时，江、淮间有米芾，以魁岸奇谲知名，铸以气侠雄爽，适相先后，二人每相遇，瞋目抵掌，论辩锋起，终日各不能屈。”看来他也是个话不饶人的人。

贺方回在北宋，亦称大家，比之于有宋以来的词人，他的胸中眼中，另有一种说不出的伤心之处，其特色是颇得楚骚遗韵，又运以一己之变化，曲中幽洁，可以说自立一家门户。从词史的发展来看，他和周邦彦在后人眼中的价值有些不同。周邦彦由宋至清，以至于近代，越来越红；贺方回就不然了，宋人说他好的不乏其人，到了后来就不太红了，至于王国维竟说他在北宋名家中最次。贺方回有爱偷古人句的毛病，如清初刘体仁就说：“若贺方回，非不楚楚，总拾人牙慧，何足比数！”（《七颂堂词绎》）但有这毛病，也不至于以“最次”论之，王国维先生评唐宋词，多智慧精深之语，而对贺方回，却有些贬之忒狠了。

贺方回似与苏门中人物多有过从，黄山谷很欣赏他那首著名的《青玉案》，认为“此词少游能道之”，所以有诗云：“少游醉卧古藤下，谁与愁眉唱一杯。解作江南断肠句，只今唯有贺方回。”张耒亦对他大加赞赏：“贺铸东山乐府，妙绝一世，盛丽如游金张之堂，妖冶如揽西施之袂。幽索如屈、宋，悲壮如苏、李。”（见沈雄《古今词话·词评上》）南宋人王灼把他和周邦彦放在一起说：“二公卓然自立，不肯浪下笔，予故谓语意精新，用心甚苦。”（《碧鸡漫志》卷二）贺方回在北宋末也算一大家，这自然因其词好，当然也有苏门里那些文化名人的宣传之功。他和周邦彦算是同时代的人，当时的名声似不在周邦彦之下。

滚滚侠气
少年侠气，交结五都雄

贺方回以词知名，“盛丽”的、“妖冶”的、“幽洁”的、“悲壮”的，样样都能来得。我们一般还是把他当作一个婉约路上的词人，但他那种悲壮激越的词也是应当予以重视的，如《小梅花》《六州歌头》，节短而韵长，调高而音凄，若俞陛云先生所说：“其雄恢才笔，可与放翁、稼轩争驱夺槊矣。”（《唐五代两宋词选释》第255页）我读大学时曾问词于业师启元白（启功）先生，当时多问周美成、贺方回两家，因有许多读不懂处。先生曾为书其自作论贺方回词绝句云：“斗酒雷颠醉未休，小梅花最见风流。路人但唱黄梅子，愧煞山阴贺鬼头。”也是教导我们要注意贺方回那类激越的词。

我们看看他的《小梅花》：

小梅花·行路难

缚虎手，悬河口，车如鸡栖马如狗。白纶巾，扑黄尘，不知我辈，可是蓬蒿人？衰兰送客咸阳道，天若有情天亦老。作雷颠，不论钱；谁问旗亭、美酒斗十千。

酌大斗，更为寿，青鬓常青古无有。笑嫣然，舞翩然。当垆秦女，十五语如弦。遗音能记秋风曲，事去千年犹恨促。揽流光，系扶桑。争奈愁来，一日即为长。

这是贺方回自创的调子，其体略近古乐府。读此词似读李太白的一些歌行，倒觉得不像词了。这种陡健之笔，在北宋词人中可谓一人而已。

再看《六州歌头》：

六州歌头·少年侠气

少年侠气，交结五都雄。肝胆洞，毛发耸，立谈中，死生同。一诺千金重。推翘勇，矜豪纵，轻盖拥，连飞鞚，斗城东。轰饮酒垆，春色浮寒瓮。吸海垂虹。闲呼鹰嗾犬，白羽摘雕弓。狡穴俄空，乐匆匆。

似黄粱梦。辞丹凤，明月共。漾孤篷，官冗从。怀倥偬，落尘笼，薄书丛，鹖弁如云众。供粗用，忽奇功。笳鼓动，渔阳弄，思悲翁。不请长缨，系取天骄种。剑吼西风。恨登山临水，手寄七弦桐，目送归鸿。

这里面真有些汉魏古风，通篇滚滚侠气，至末三句有一片深情。与曹植《白马篇》放在一处读，当亦难分也！

锦心绣口
一川烟草，满城风絮。梅子黄时雨

悲壮之词固好，幽洁之篇更被当时与后世的人欣赏。他有一首《青玉案》词，使他获得了“贺梅子”的美称，这首词可以作为他的《东山词》里幽洁婉约一路的代表，可以说一词而囊尽了他“幽洁婉约”的全部内容。词云：

青玉案·凌波不过横塘路

凌波不过横塘路。但目送、芳尘去。锦瑟年华谁与度？月桥花院，琐窗朱户。只有春知处。

碧云冉冉蘅皋暮。彩笔新题断肠句。试问闲情都几许？一川烟草，满城风絮。梅子黄时雨。

论者一般认为这是贺方回年近花甲避居吴门（苏州）时的作品。《中吴纪闻》上说，方回居吴，有小筑在盘门之南十余里，地名“横塘”，他在那里作了《青玉案》。所谓“凌波不过横塘路”者，是说望美人而不来也。这词里确实有许多的渴望在。“凌波”就是比喻一个女子，这是从曹植《洛神赋》“凌波微步，罗袜生尘”中来的。曰“不过”，是说没来。而又说“但目送、芳尘去”，那一定是曾来过。女子逝于芳尘，若宓妃隐入洛水，只剩他伴着孤独。所以才有“锦瑟年华谁与度”之问。那“月桥花院，琐窗朱户”，就有一种美丽的凄凉，美丽的凄凉是最让人难以禁受的。

下片“碧云”（一本作“飞云”）句，选家多认为仍从《洛神赋》中来。赋云：“日既西倾，车殆马烦。尔乃税（即‘脱’）驾乎蘅皋，秣驷乎芝田。”就是在这休息的时候，曹植看到了洛神宓妃。此词用“碧云”，亦有江淹《杂体诗》中“日暮碧云合，佳人殊未来”之意。日暮于横塘徘徊，亦如曹植在蘅皋（长满香草的水边高地）徘徊，则含有一种能见到美人的希望，曹植不就见到了吗？这里面自有一种期待，然而等待的结果却是“佳人殊不来”，所以才“彩笔新题断肠句”，提笔所写的也就只有断肠意绪了。于是就有了百拂不去的“闲愁”，所谓“闲愁”者，都是说不清楚或不愿意说清楚的某种眷恋以及这眷恋带来的内心的惆怅。这惆怅是深深的、长长的，像冯延巳词中说的：“谁道闲情抛掷久？每到春来，惆怅还依旧。”其实又哪只是“春来”此一时呢？那“闲愁”有时就像死灰，却无时不有复燃的可能。所以它就显得是一种无限的惆怅，所以它就像“一川烟草”，就像“满城风絮”，就像“梅子黄时雨”，那么广、那么稠、那么淅淅沥沥永远没有个终了时……这三句是写景，而不能作景语读，写景仍是写情，是写愁之多且久也，是兴中有比之意长，是融景入情之妙用。此词通篇在写一种期待，通篇在写这期待的落空。末三句将此种失落感写得含蓄不尽，让人读着内心有一种久久的空空荡荡。

我们再看他的一首咏荷花的《踏莎行》：

踏莎行·杨柳回塘

杨柳回塘，鸳鸯别浦，绿萍涨断莲舟路。断无蜂蝶慕幽香，红衣脱尽芳心苦。

返照迎潮，行云带雨，依依似与骚人语。当年不肯嫁春风，无端却被秋风误。

这词虽是咏荷花，口气却如被弃之怨女，而其中亦能读出许多因孤高而不见用者的那种失落的苦痛，用的是《离骚》以来那种美人香草以喻忠贞的手段。“杨柳”三句，写荷花所处之地。曰“回塘”，曰“别浦”，曰“绿萍涨断莲舟路”，是写荷花之居处幽辟，交通阻隔，则花开不能被人赏爱的命运已注定。“蜂蝶”固不必借舟楫便可来赏花，但它们又不喜欢荷花那幽香。能来的不愿来，愿来的来不了，则荷花只有自生自灭，“红衣脱尽芳心苦”，花的美丽在无人赏的地方默默地老去，那一粒粒莲子，收获的是深深的内在的孤苦。

下片头三句写荷花之屡经朝暮，饱历阴晴，世间冷暖，亦自尽尝。依依似诉，若与迁客骚人共语。到此，这花与人就写到了一处，谁让你高洁不肯嫁春风？那才是争荣的时节，可是你偏偏不去争荣，所以就一误再误了。这里面有怨，像是自怨，但不是自怨，怨的是那个世界有一份高洁就有一份被误，因为那个世界本不干净。

读此词总让人想到太史公之写屈原与《离骚》，我们看太史公是怎么说的：

> 其文约，其辞微，其志洁，其行廉，其称文小而其指极大，举类迩而见义远。其志洁，故其称物芳；其行廉，故死而不容自疏。自疏濯淖污泥之中，蝉蜕于浊秽，以浮游尘埃之外，不获世之滋垢，皭然泥而不滓者也。推此志也，虽与日月争光可也。(《史记·屈原列传》)

我觉得贺方回这首词的“骨”，就是由太史公的这些话熔炼成的。这里面有屈原，也有曹植。曹植《美女篇》写着：“佳人慕高义，求贤良独难。……盛年处房室，中夜起长叹。”这不也是这词里的意绪吗？这词里的《骚》情《雅》意，幽索哀怨，让人读了真是于不知处便心醉，于不知处便泪落矣。

我们说了两首贺方回的婉约一路的词，这个长得如地狱之鬼的“贺鬼头”，却真是锦心绣口。而其词，古人诗书，稍加隐括，便成新意，他自己曾说过：“吾笔端驱使李商隐、温庭筠，常奔命不暇。”(《宋史》本传）读其词，则知其笔端又岂止驱使温、李哉？上自屈、宋，苏、李，曹植、江淹等魏晋南北朝人，李白、杜甫等盛唐人，一至本朝诸贤，几无不助其词笔之奔走也！所以清朝人陈廷焯说："（贺）方回词，笔墨之妙，真乃一片化工。离骚耶，七发耶，乐府耶，杜诗耶，吾乌乎测其所至。"（《词坛丛话》）这是一种很"文人化"的东西，这其中积淀浸润着的文化心理与高雅的审美感受，是极具文人特色的，是苏东坡词那种"文人化"倾向的深入，也是与周邦彦词的一种呼应。以俗为雅，以故为新，是北宋末期诗词创作中一种"主流"性的审美倾向，诗有黄山谷、陈师道，词中自然当推贺方回与周美成了。

『结北开南』的周美成

到了周美成，词有了一个大转变，给词坛带来了一种作词的新路径，形成了一种词学观念的转移。周美成成了一座由北宋通向南宋的桥梁，南宋名家多得其沾溉，南北之迥异的品质与风格，其始作俑者，就是这位周美成。南宋词与北宋词，作法不同，读法亦不同，标准不一样了，所以不能作一处读。若知南宋之变，则须好好看看周美成，读懂了他，就有了读南宋词的梯航。

北宋自当以美成为最醇
斜阳冉冉春无极

北宋末词坛的坛主当推周邦彦，他可以说是婉约派的集大成者，又开启并沾溉着南宋如姜夔、吴文英等婉约一路的词人，所以叶嘉莹说周邦彦是一个“结北开南”的词人。

周邦彦（1056—1121），字美成，自号清真居士，钱塘（今杭州）人。《宋史》关于他的传上说，他在少年的时候，“疏隽少俭，不为州里推重，而博涉百家之书。”他生活在一个父仁母慈的家庭里，性格上有些放荡不羁，但是好思敏学，乐而忘疲。在那个好幻想的少年时代，他有着很多的幻想，他自命不凡、多愁善感。在思想上，他更亲近老氏之徒，而主张“操戈逐儒”（《祷神文》中语）。从儒家正统观念看，他属于“边缘”人物，不是墨守成规者。所以他颇心仪于王安石的新法。他做了太学生后，向神宗上了一篇长达七千字的《汴都赋》，可以说是大赞新法，得到神宗的赏识，一下就由太学外舍生提为试太学正，声名一日而震耀海内。献《汴都赋》时，美成才二十九岁，可是那赋文写得也真可谓“壮采飞腾，奇文绮错”（王国维《清真先生遗事》中语）。

虽然美成以《汴都赋》而被命为学官，但是后五年间并不再见升迁，看来他也不太会在官场上用意。神宗死后，高太后临朝，起用旧党，罢黜新政，这就是所谓的“元祐更化”。美成以歌颂新政的《汴都赋》得官，自然这时候就不会有什么好日子过；又兼他不会俯仰取容，所以就被外放了。从元祐三年（1088年）到绍圣四年（1097年），十年间他浮沉于州县，漂流于道路，是所谓“风灯零乱，少年羁旅”（《琐窗寒》词中语）。绍圣四年被召还，在京中过了十四年。这时候的朝政被党争搞得没有道理可言，美成被召还，固然与他在《汴都赋》中颂扬过新法有关，但他并无借党争向上爬之想，如楼钥所说：“虽归班于朝，坐视捷径，不一趋焉。”（《清真先生文集序》）

徽宗朝蔡京秉政期间，美成多次外放，至政和六年（1116年）他六十一岁的时候还朝做了大晟府乐正。这个大晟府，是徽宗时建立的一个宫廷的音乐机构，它的任务是整理古乐，创制新调。大概是因为周美成博文多能，尤长于作词度曲，所以就让他做了这个音乐机构的领导。他在这里做了两年，这期间，他不仅主持整理了一些当时流传但并没有定型的旧曲，也创制了一些慢、引、近、犯类的新调，经他之手的新旧曲调，多成后代词人之规范，对乐与词的发展，可谓贡献多多。两年后，又被外放，六十多岁的老人，奔波于路，也真是人生之不幸。六十六岁那年，他作了一首《西平乐》，感于飘零州县，伤在垂老奔波。他慨叹“事逐孤鸿尽去，身与塘蒲共晚，征途迢递，伫立尘沙”，此时心情只用四个字便可道得，那就是：“倦客思家”。他在词里经常以“倦客”自命，他在官场中浮沉得实在太厌倦了，在这个人人奔竞的官路上，他没有找到自己的位置，失掉了家园，他的那种“思家”，实际上也表露着千古知识分子想要寻找的能够安身立命的一己之“家园”。但是他没有找到，他也不可能找到。就是在这一年，这位绝代词人在南京（今河南商丘）鸿庆宫斋厅病逝了，他是带着一种什么样的心情走的呢？

从政治角度看，他的一生并不是成功的一生，他之所以能青史留名，是因为他有一部《清真词》广播人间。北宋词坛，晏、欧、柳、苏、秦七、黄九，轰轰烈烈、扎扎实实地走过来，这些大家们以他们一己之自然直接的感发力量，使北宋词生机勃勃，绚烂多姿。到了周美成，又有了一个大转变，这就如叶嘉莹先生所说：由自然直接之感发力量为词中主要质素，变而为一种以思索安排为写作之推动力的新的质素。这种转变，给词坛带来了一种作词的新路径，形成了一种词学观念的转移。周美成成了一座由北宋通向南宋的桥梁，南宋名家多得其沾溉，南北之迥异的品质与风格，其始作俑者，就是这位周美成。南宋词与北宋词，作法不同，读法亦不同，标准不一样了，所以不能作一处读。若知南宋之变，则须好好看看周美成，读懂了他，就有了读南宋词的梯航。

若从风格上说，美成词，如贵妇堕娼门，牡丹委蔓草，有一种零落厌倦之感，沉郁顿挫之气，而又不减那种富艳精工，浑厚蕴藉的富贵态。西楼南瓦尽歌其词，士林翰院恒推其美。因其软媚当歌，故歌场传唱也久；而软媚中不乏气度，其意也淡远，其气也浑厚，故士林推重也炽。

说周美成，还是一边读他的词一边说的好，我们先看他的一首著名的《兰陵王》：

兰陵王

柳阴直。烟里丝丝弄碧。隋堤上，曾见几番，拂水飘绵送行色。登临望故国，谁识。京华倦客。长亭路，年去岁来，应折柔条过千尺。

闲寻旧踪迹。又酒趁哀弦，灯照离席。梨花榆火催寒食。愁一箭风快，半篙波暖，回头迢递便数驿，望人在天北。

凄恻。恨堆积。渐别浦萦回，津堠岑寂。斜阳冉冉春无极。念月榭携手，露桥闻笛。沉思前事，似梦里，泪暗滴。

据《樵隐笔录》记载：“绍兴初，都下盛行周清真咏柳，西楼南瓦皆歌之，谓之‘渭城三叠’。”把这首分三段写成的《兰陵王》比作唐人王维的“渭城三叠”（亦作“阳关三叠”），是说周词说尽了别离滋味。这首词，有的本子题作“柳”，咏柳是借题发挥，意在咏离别。自《诗经》“昔我往矣，杨柳依依”，到北朝乐府“上马不捉鞭，反折杨柳枝。蹀座吹长笛，愁杀行客儿。”（《折杨柳歌辞》）后来唐人亦多借柳而言别，所以，柳中寓别的写法就普及开来。论者都说美成这首词是借柳言别，此词是写离别没有错，但是作者在此词中所处的位置历来评家却是聚讼纷纭的，有的说是送客之词；有的说是行客之词；有的又说是客中送客之词，莫衷一是。其实此词是美成在局外对送别所作的一种客观之观照，故“送者”与“行者”尽在其中。言“曾见几番，拂水飘绵送行色”；言“年去岁来，应折柔条过千尺”，是说所见离别之多，亦是说宦海浮沉之剧也。美成暮年作此词，世事倚伏之慨都在里面，而不必以身投入了。以身投入者迷，客观观照者清，此时的美成已十分清楚，人活在世间不过是在苦痛中摆来摆去，自己如此，别人亦如此，这是人类共有之苦痛，而非一己之苦痛，故以第三者身份去写，既见所写之感慨有着终极意义上的人生之共同性，亦见出作者那种过来人的冷静与深刻。

此词分三段，第一段总写人间别离之恨与别离之多。吴世昌《词林新话》亦谓：“第一片泛论古今来隋堤上折柳送客之众，只是晏小山所谓‘世间离恨何年罢’的感慨，并非有所特指。周济所谓‘客中送客’盖泥于‘谁识。京华倦客’一句而言之，殊不知‘柔条千尺’非一人一朝所折，而折之者又岂尽是‘客中送客’之人？”此说极是。“京华倦客”前人说是美成自比，其实这更可解释为推己及人，是奔竞于官路上的人们所有的一种共感。奔竞至于老大，则倦，倦就是累、就是厌、就是腻，失望多而获得少，好梦破碎，春情零落，大志被摧挫，良心被嘲弄，人一静下来，回首向来疲惫的脚印，零零乱乱是一本糊涂的账目，这时候自然是厌倦袭身，心灰意懒。想一想自己的人生，他人的人生，那道路上不过是长亭连着短亭，所见所忆，唯“别”而已矣，人人原有一腔热血，皆在宦海浮沉中化为乌有，故在经了别离频频、沉浮剧变之后，所剩的也只有厌倦至极了。这是对那世界不给人实现个人价值之机会的一种失望，因此，在“倦客”眼中，一切的离别，不过都是苦痛的象征。“谁识。京华倦客”一句问得极痛切，“识”者与我同感而意冷；“不识”者自去继续奔竞，到头来无非仍是一个心灰意懒的人。

第二段是实写别离，这也是客观之观照，若说美成写自己的经历，似浅！这是写一种实在的别离，把别离写得具体化了。第一段是总写，这一段是分写。“一箭风快，半篙波暖”，是写别离之速，别离之易。“回头迢递便数驿，望人在天北”，写别程之渐远，亦暗示着再逢之艰难。写人之容易离别，乃是写世事变化之莫测，非人力可及。而吾人想在世上独占鳌头，弄潮以主沉浮，又谈何容易？这是人至于暮年才有的感慨。“闲寻旧踪迹”，这个“闲”字写得并不轻松，多少回“酒趁哀弦”，多少次“灯照离席”，见过了多少“梨花榆火催寒食”，那节令的湿冷，那隋堤上的烟柳迷朦色，离别的心情在他那里简直成了百拂而尤不能去的视觉的定格、听觉的定格，甚至是一种身体感觉的定格。那是一曲没完没了的同样的调子，那是一幅内容频频重复出现的长长画卷，那是一种袭满全身，刻入肌骨的陈年凄冷与疲倦。

第三段是幻写离别，或说是对离人心情的一种观照与设想。“恨堆积”是“凄恻”的原因，曰离恨堆积，仍是讲不止一次的离别，也不只是一人的离别。“斜阳冉冉春无极”，前人都说这是此词中的好句子。谭献评说此句“微吟千百遍，当入三昧，出三昧。”说之太含混。陈洵则谓“春无极”正应上文之“催寒食”。此是结构上的分析。我们说这一句写在“渐别浦萦回，津堠岑寂”之后，当是有其象征意义的。“斜阳”，将落之日也，而与“春无极”融在一处，是一种无可奈何之感。春在斜阳中已是挣扎状，“无极”时正是开始衰落时。“春”固给人以诱惑，因为它是生命的象征，可是这“春”却伴入了摇摇摆摆的“斜阳”里，美成如此的安排实在是绝妙，他好像在告诉人们：我以一日之结束，已看到一年之终了。人若是只见“春”而不见“斜阳”，他就会被骗入无尽的离别浮沉之中。可是人有时总如迷途中的羔羊，又有多少人能悟得这“春”与“斜阳”之辨呢？“念月榭携手”至末尾，宕开来说，人本来是幸福的，而人却偏要受某种诱惑去想更辉煌的生活，结果不但辉煌的生活没有来，连过去的“月榭携手，露桥闻笛”也遗失了。人生如梦，于萦回之别浦，岑寂之津堠，所余者也就只有“泪暗滴”了，这难道不是人生之大憾吗？美成此词，有极深的人生之思索，他把这种思索极有秩序地安排在这三段词中，其声律之谨严，其用字之法度，自是北宋诸贤中值得称赞的。

倦客思家的主题

风灯零乱，少年羁旅

迟暮忆旧，倦客思家，这是美成晚年词里一个重要的主题。我们再看他的一首《琐窗寒》：

琐窗寒·寒食

暗柳啼鸦，单衣伫立，小帘朱户。桐花半亩，静锁一庭愁雨。洒空阶、夜阑未休，故人剪烛西窗语。似楚江暝宿，风灯零乱，少年羁旅。

迟暮。嬉游处。正店舍无烟，禁城百五。旗亭唤酒，付与高阳俦侣。想东园、桃李自春，小唇秀靥今在否。到归时、定有残英，待客携尊俎。

按罗忼烈先生《周清真词时地考略》的意见，这首词作在美成第三次居汴梁时，即宋徽宗政和六年（1116年）或七年（1117年），这时的周美成已经年逾花甲了。罗先生说："味过遍，是晚年京师寒食之词。时年逾六十，故称'迟暮'；'少年羁旅'之事，'旗亭唤酒'之兴，今已不复，但萦怀故园耳。"（见《两小山斋论文集》第89页）词中有"店舍无烟，禁城百五"的句子，所以断定为写在京城的寒食节应是不错的。《荆楚岁时记》上说：寒食"去冬节一百五日，即有疾风甚雨，谓之寒食，禁火三日。"《东京梦华录》上说寒食这几日，"四野为市，往往就芳树之下，或园囿之间，罗列杯盘，互相劝酬。都城之歌儿舞女，遍满园亭，抵暮而归。"

此词上片写"一庭愁雨"，下片写"旗亭唤酒"，正是寒食情景。罗氏所谓"萦怀故园"者，不如说是萦怀往事；而寒食节又有"罗列杯盘，互相劝酬"之俗，故于"旗亭唤酒"之时，则借酒以致幻，其思绪可借此而越几十年之时间，几千里之空间。此词叙事所用时空转换是其一大特色，而正因为有了酒，这时空的转换就有了根基。周美成的慢词与北宋诸家的慢词之相同处，在于他们都在其中讲述了一段故事，但是周词不同于诸家的地方，是在他讲述故事时，时空之转换极多，跳跃甚剧，这使得他的词有时让人琢磨不透，甚至有人说"美成词有前后若不相蒙者"（陈廷焯《白雨斋词话》中语）。这是周美成对宋词的一个开拓，他更注意把他那一刻的感觉以他对时空的体认安排在词中，这是北宋人不常有的，对南宋又影响极大，特别是对吴文英、王沂孙那一派。但吴文英等较周美成更重感觉，周这里还有点故事，吴那里则往往就剩了感觉，所以更让人觉得晦涩难懂。美成在这里是写寒食节给他的感觉，上片还在“小帘朱户”，下片却又在“旗亭唤酒”了。上片于开始写自己“单衣伫立”，在“小帘朱户”中间写雨，而“雨”作了梯航，一下子又写到羁旅途程的“楚江暝宿，风灯零乱”，这是他回忆往事的第一站，他现在居京华，仍是旅客，不过是一个稍微安定一点的旅客罢了，而他在此之前也曾是一个深深体味过漂流南北、风灯零乱之生活的旅客。这只不过是因“雨”而想到了漂泊之人生旅程，这还不是他追怀的归宿点。

下片开始先点出寒食、点出迟暮、点出饮酒，暮年饮酒于寒食时的旗亭，这是他现在所在的时间与空间。此时他想的是什么呢？他想的是“东园桃李”，“东园”可以喻指其故园、故乡。“桃李”可喻指他在故乡时所有使他难以忘怀的人、物、事。周词中每称自己是个在外远游的“倦客”，既然倦于客居在外的生活，自然就更想回到那个曾经温馨、美好的家园。人至暮年，更有叶落归根之想，所以他追问“小唇秀靥今在否”？“小唇秀靥”是写桃李花，引申开来，也可能是写一个曾与他有过一段恋情的女孩；但更可能的是写那一切与故园相依托的美好之往事。此一问已有“人面桃花”之预感了。但仍不死心，于此又做进一步的时间与空间的展望："到归时、定有残英，待客携尊俎。"退一万步说，到我真正回归故土时，也总应有一星半点残存的东西，足令我重感当年之美好吧？我如此眷恋故园，故园有情，应不负我！美成在这里是追忆，也是展望，这里写的是一种萦怀故土的情绪，故园是曾有的美好的象征，这"美好"是过去的，所以周词中的主人公多面向往事、面向故园，而这种恋旧里面又常常带有一种对旧有之美好的呼唤，他希望这旧有之美好能够在他的人生之前站等着他，所以这种"恋旧"在其对过去的一种追忆中又有着一种对未来的前瞻。

词中的"时间"既是向后的，又是向前的，依附着时间的空间之意象，既是一种旧景，又是一种前景。词中的"风灯零乱，少年羁旅"，则是现在所居之京城与日思夜想之故园之间的一段人生历程的象征。上片交代了自己经历变换漂泊至此，则"东园桃李"之故园、"风灯零乱"之船头与"旗亭唤酒"之京城，做了层层比照，言人生之途程虽有居有行，可是一旦作"客"，这心就是孤冷无助了，因为他失去了家园。

周词中虽然时空转换多，而又意象跳接快，但稍一留意，也还能够理清脉络。如寒食有"疾风甚雨"，因而上片写雨是由寒食设想；而于"小帘朱户"见雨又追忆出"少年羁旅"时之风灯；又想到安得与故人剪灯西窗之下话旅程风雨之事，则人生途程中的风雨亦在追忆之中。由现在买酒于旗亭，又想到故园还有携酒等着我归去的人……

读周词我们会有一种新的感觉，他开始了一种着意安排的新的写法，则我们就不能不有一种着意分析的新的读法。我们也发现，周美成不但着意安排，而且善于安排，所以周词读起来并不显得矫揉造作。

时空转换之特色
“暖回雁翼”“深舣蒹葭”

周美成词中的时空转换，常常让后人读着乱，以为美成把时空搞错了。比如他那首《渡江云》“晴岚低楚甸”阕，旧题为“春词”或“春景”。上片确实写了春景，但下片有“今宵正对初弦月，傍水驿，深舣蒹葭”数句，又似写秋景了，所以明朝人陈霆在其《渚山堂词话》中就批评周美成犯了语病，他说如果改成“今宵正对江心月，忆年时，水宿蒹葭”，就显得没有隔碍了。其实他还是没明白周美成，美成词多时空之转换，读之者当识得此特色。上片写春，是一种情绪，下片有秋意，那又是一种情绪，于此不可不着意也！好了，我们现在来看他的这首词：

渡江云·晴岚低楚甸

晴岚低楚甸，暖回雁翼，阵势起平沙。骤惊春在眼，借问何时，委曲到山家？涂香晕色，盛粉饰、争作妍华。千万丝、陌头杨柳，渐渐可藏鸦。

堪嗟。清江东注，画舸西流，指长安日下。愁宴阑、风翻旗尾，潮溅乌纱。今宵正对初弦月，傍水驿，深舣蒹葭。沉恨处，时时自剔灯花。

罗忼烈认为此词是周美成“入都途中水路过荆南作”（《两小山斋论文集》第66页），这时正是宋哲宗执政后起用新党之时，周美成这个曾因写《汴都赋》赞美新政而被旧党排挤到州县去的人，现在也被召回朝了。

此词上片写春景，从雁阵起平沙，看到了春暖，这不仅是季节上的春暖，也是一种政治上的春暖，所以有“骤惊春在眼”一句。“骤惊”写出这春暖来得急，写出心情为之一振。“借问”二句，有一种意想不到之意，原本没有想到来得这么快，没成想就委曲到了山家。其实政治之晴雨本也难料，不提防就被贬了，没想到又荣升了。可不管怎样，被召回朝也还是好事，心情也好，眼中的春景也就好起来，花就涂上香气，染上颜色，盛装以争妍；杨柳也绿了，绿得很浓，可以藏鸦了。这里面有景也有心情，这是面对政治之春天到来的一种好心情，有跃跃欲试、蓄力待发之势。

可是这种势头一换头就让“堪嗟”二字压下去了，在下片他就开始慨叹了。他慨叹什么呢？“清江东注，画舸西流，指长安日下。”快到首都了，悲慨些什么呢？叶嘉莹说江之东流，是流向自己的家乡，而自己却要西上，从他每以“倦客”自比来看，他可能是悲慨于自己不能顺流而归故乡。这种说法似不能通，没有材料可以证明此时的周美成还乡之心可抵圣上之命。倒是船之逆流而上，或许让他感觉到路途的艰难，从而使他联想到仕途之坎坷，所以在他看来，此番进京，固然是一种政治上的解放，可也不能不心存一种隐忧。“愁宴阑”三句，就能够看出他的忧虑了，叶嘉莹解释得好：“他说我所忧虑的，现在好像开一个很好的宴会，大家都是‘阵势起平沙’，都觉得是好了，都升上来了，回到首都，都去做官了。有一日安知这一党派不再倒下去吗？我就预先忧愁有一天宴阑，风翻旗尾，把作为标志的旗吹翻了。‘潮溅乌纱’，政海的潮水就打湿了你的乌纱帽。你安知不再有一次政海波澜？”（见《唐宋词十七讲》第319页）讲得真好，这里的确写出一个经历过宦海波澜之人的预感，是居安思危。这时的情绪就不似骤见政治之春天来临时的惊喜了，这时就有了许多秋天的意绪。所以当他设想了那个“宴会”之后，站在傍近驿站、深隐于蒹葭的小船上，举头望着弯弯的初弦新月，心中就不免有许多感慨。看尽了多少宦海风波的他，不能不在此本应该是春风得意的时候而陷入沉思了。“时时自剔灯花”，就是那种沉思的外化。这首词无疑是一首有着深深的政治寓托的词，其中时空的转换，更能写出他此时的心理状态，也让人读出了那个世界的宦海无定与荣辱常变。

因厌倦而思索，因思索而厌倦

憔悴江南倦客，不堪听、急管繁弦

周美成的精于思索安排，固与其工于辞赋和精通音律有很大的关系，但只从此种形式上去探究其原因似有不足，我们还应该从美成一己之心性上找一点原因。美成对官场的厌倦，也并非到了花甲之年才如是，他在溧水做县令时，还不到四十岁，可是倦懒之情就在词里显出来了。他对人生的思索是很多的，思索多而又思索不出出路来的时候，就常常产生厌倦之感。我们看到的周词，大部分极尽铺排之能事，又因其妙解音律，故极四声之变化而字字不苟。这种对形式的着意关注，大抵也是因其思索人生而不得出路转而厌倦人生的一种反弹，人生的思索没有结果，人生的安排没有力量，所以就把这种思索安排放在了词上。周词的思索安排之特质，不能不在他的那种倦懒之情绪上寻觅些根源。在溧水县他有一首《满庭芳》可说，词曰：

满庭芳·夏日溧水无想山作

风老莺雏，雨肥梅子，午阴嘉树清圆。地卑山近，衣润费炉烟。人静乌鸢自乐，小桥外、新绿溅溅。凭阑久，黄芦苦竹，疑泛九江船。

年年，如社燕，漂流瀚海，来寄修椽。且莫思身外，长近尊前。憔悴江南倦客，不堪听、急管繁弦。歌筵畔，先安簟枕，容我醉时眠。

周美成是在宋哲宗元祐八年到绍圣三年（1093—1096）任溧水县令的。在美成离开溧水八十余年后，一个叫强焕的也来做溧水县令，可能是因为仰慕美成，所以为他编刻了《片玉集》，强焕在序文中有这样一段话：“溧水为负山之邑，官赋浩穰，民讼纷沓，似不可以弦歌为政。而待制周公元祐癸酉春为邑长于斯，其政敬简，民到于今称之。”而且他还能“于拨繁治剧之中，不妨舒啸”。此可为读这首《满庭芳》的背景材料。

“风老莺雏，雨肥梅子，午阴嘉树清圆”，这三句是此词关键，统摄全篇气氛。风和雨，在一些诗词里的形象总不太好，是一种外在的摧剥之力，若自其摧剥之特色而观之，则其自然会凋零万物，促人伤感。若再自其被摧剥者的角度而观之，则其一方面有因摧剥而凋零之可能，而另一方面又有可能使原本稚幼之物成熟起来。莺雏经风而老，梅子历雨而肥，它们在风雨中渐渐成熟了。再推而言之，人之成熟起来，亦必经人生途中之风雨的洗练而后成。“午阴嘉树清圆”，是风雨后的夏日景色，是一个万物渐趋成熟的时节，也是一种成熟人心态的反映。一切都是静静的，是经历了风雨之后的平静，整首词也就在这样一种气氛里展开来了。“地卑”二句，写所处之幽静，溧水本是“负山之邑”，故言“地卑山近”。江南多雨，湿重而衣润，薰之使干，必费炉烟。这里不是要写“炉烟”，而是以“费炉烟”来写“湿”。“湿”由雨来，而“湿”又更能写出一种“静”来，那是一种心的静，不是燥。下面“乌鸢自乐”，是写天上的鸟飞着很自在，也是因那种缓缓的动来写静。这时又得闻小桥外因雨后泉涨，溅溅而流，此为以山间水声写静，皆用“鸟鸣山更幽”之法。“凭阑久”三句，写静中之遐想，眼前之景，颇如白居易当年在九江所作《琵琶行》中写的“住近湓江地低湿，黄芦苦竹绕宅生”，于是又颇疑自己也在九江船上与江州司马白居易共听那“天涯沦落”的琵琶声了。这是在遐想中与古人的会通。这里用“疑”字，写出他与白居易当时的处境颇类似，是个外放的官员，是个在州县浮沉、在人生风雨中被摧剥的人。这是由景生情，“倦客”之苦，于此稍露端倪。整个上片，这种倦客之苦写得只是若隐若现，极匣剑帷灯之妙。

下片则直写“倦客”之苦，以“社燕”作比，写漂流不定之慨。美成在其离开溧水返回京城所作之《重进〈汴都赋〉表》中曾描述过他浮沉州县的那段经历云：“臣命薄数奇，旋遭时变，不能俯仰取容，自触罢废，飘零不偶，积年于兹。”可以帮助理解“社燕”诸句。“漂流翰海”是说过去；“来寄修椽”是说现在。“且莫思身外”一开；“长近尊前”又一合，化用杜甫“莫思身外无穷事，且近生前有限杯”句，言人之起落沉浮，盖不必深想，那都是身外之事，过于思索，徒劳伤悲，不如酒中取乐，忘却烦忧。这是一种经风历雨之后的心态，此时的周美成并不老，不过也到了不惑之年，心已趋静。“憔悴”二句，又往深处说：身外之事固不必想，内心之苦，亦是自知，修椽已寄，以静为好，急管繁弦，已不合现在心态。就是把酒临歌，也是先思后路，枕簟安排停当，不至醉时胡乱进入梦乡。不惑之年，真是不惑了，一切已趋理智，一切不急不乱，这不能只是用“成熟”二字可以解释得了的，这应看作是一种返本归根的境界，老子所谓“归根曰静”者也。这个“静”中寓着“动”，这个“静”中是有内容的。所以陈廷焯评此词时说：“虽哀怨却不激烈，沉郁顿挫中别饶蕴藉。”（《白雨斋词话》）陈匪石评此词时说：“盖全篇之骨，为‘江南倦客’四字，只一点睛，而既无露骨语，亦不作尽头语也。”（《宋词举》）所以如此者，一方面盖由于美成此时风雨之后已臻成熟，心态已不似少年时的激荡和愁苦不能自已。故此词首句之“老”“肥”二字，断不可轻易放过。另一方面，我们还须看到，美成之成熟老到，与他自幼对道家者言的喜好不无关系。所以楼钥说他“学道退然，委顺知命，人望之如木鸡，自以为喜。”（《清真先生文集序》）苏东坡也学道，但美成和苏东坡不一样，美成只做到退一步天地宽，而东坡能超然物外，在一个更高的层次上观照。所以，美成的“成熟”里面还余着很多无可奈何的意味，而东坡的“成熟”则极富有创造性感发的生命力量。因而周词尽管艺术形式上穷极工巧，但在境界上却终没有达到苏词的高度。从这方面看，王国维说周美成“创调之才多，而创意之才少”，还是颇值得肯綮的。当然我们说，周美成的“创意”与北宋诸家的“创意”是不同的，他不像前人那样“创意”了，他有了变化，他基本上给北宋画了个句号，而给南宋开了一片新的天地。所以不能因为王国维先生的那句话，就认为周美成只有创调之能，而无创意之功。这是读周词所应注意的。

“疏隽少检”的艳情词

人如风后入江云，情似雨余粘地絮

我们在前面说过，从儒家的正统观念来看，周美成属于一个“边缘”人物，这一方面表现在他屡屡有着一种对官场的厌倦情绪，从而除了“委顺知命”地做好“本职工作”以外，他就把大部分的精力致力于度曲，在音律和用字等形式上极尽工巧。另一方面，他也作了大量的艳情词以应歌场之需要，好像并不顾忌时人之讥讽，这一点他一定是受了柳永的影响。

少年时代的“疏隽少检”在美成的艳情词里有十足的表现，甚至写两性之关系比柳永还露骨。我们现在看他的艳情词，一方面要看他对以前词人的继承与集大成；一方面也要看他的变化，他的那种“思索安排”的特色体现在他的艳情词里。

在溧水县，他作过一首《风流子》：

风流子·新绿小池塘

新绿小池塘。风帘动，碎影舞斜阳。羡金屋去来，旧时巢燕，土花缭绕，前度莓墙。绣阁里，凤帏深几许，听得理丝簧。欲说又休，虑乖芳信，未歌先噎，愁近清觞。

遥知新妆了，开朱户，应自待月西厢。最苦梦魂，今宵不到伊行。问甚时说与，佳音密耗，寄将秦镜，偷换韩香。天便教人，霎时厮见何妨！

此词在形式上看，真是工整；从内容上看，也真是放荡。野史上说，这是美成为他所喜欢的一个女子作的，那女子是他部下的妻（一说是姬妾），这大概不能确定。美成的一些艳情词，可能是应歌赠妓之作，也可能是为他所钟爱的女子写的，有一些也可能是借艳情之事而寓托着某种人生的欢戚。这类的词，最容易附会上一些故事，成了小说者言，吾人不必太信。这首词，写了一种急切渴盼与所爱之人相会的心情，他与所爱之人中间有着阻隔，有一种颇大的外力不允许他们“断见”。然而对异性的爱恋之力，总是愈挫愈劲，美成在这里很好地表现了此种情境里的男子的那种不屈不挠、那种虽九死其犹未悔、那种在可望而不可及时的溯回求之、溯源求之的执着。

“新绿”三句，写时间地点，这是主人公所在之时间地点。他站在池塘边、斜阳里，看风帘动，而未见所恋之人。“羡金屋去来”四句，便扬起一笔说，真羡慕那自由来往于“金屋”（指女子所居处）的燕子，和那盘绕在“莓墙”（说“前度莓墙”，或是指曾与美人流连之处）间的土花。因为燕子、土花可以接近美人，而自己却不能。这里应该是借鉴了东晋诗人陶渊明《闲情赋》和五代词人和凝《何满子》的写法，如和凝词云：“正是破瓜年几，含情惯得人饶。……却爱蓝罗裙子，羡他长束纤腰。”又云：“却爱薰香小鸭，羡他长在屏帏。”和凝颇直露，美成则含蓄蕴藉。“绣阁里”三句，写男子所闻；“欲说”四句，写女子寄深情于丝簧，双双写来，有“照花前后镜，花面交相应”之好。两情互炽，只因帘隔不得相见，唯以“丝簧”传情，其苦可见。

下片“遥知”三句，是男子立于池边所想，取《会真记》莺莺与张生“待月西厢下，迎风户半开”的诗意，女自有情，我亦有意，然而中有阻隔，虽梦里也不让我到你那边会面，所谓“最苦梦魂，今宵不到伊行”。梦本是可以使愿望得以满足的，可梦也满足不了这愿望了，真是天亦绝人之路，故曰“最苦”。这已将“欲见不能”之情境说到了极点，后面“问甚时说与”四句又挑起来：人既不能去，梦也不能去，那何时能去呢？他就开始追问了。在这里他用了“秦镜”“韩香”两个典故。“秦镜”这个典故出在《艺文类聚》卷三十二，说的是东汉人秦嘉写信给他的妻子徐淑说：“顷得此镜，既明且好。形观文彩，世所希有，意甚爱之，故以相与。”这是说他得到了一面很好的镜子送给他的妻。其妻回信说：“今君征未还，镜将何施行？素琴之作，当须君归；明镜之鉴，当待君还。”他们这种伉俪情笃，真是古今称羡了。“韩香”这个典故出在《晋书·贾充传》，说有一个叫韩寿的青年，与贾充的女儿有私情。当时西域进贡了一种奇香，熏在身上香气经月不散，皇帝很看重，只赐给了他的两位大臣，其中一位就是贾充。贾充的女儿又把这香偷去赠给了她的情人韩寿。后来贾充见到韩寿，闻到他身上有这种香味，暗知其女与韩寿有情，就把女儿嫁给了韩寿。这两则故事都是说赠物以表情，一是男赠女，一是女赠男，“物”一赠，“情”就有了着落，那就是一种“佳音密耗”，可什么时候能见上一面互赠定情呢？这是他的追问。这一追问是没有结果的，所以此一问，思亦极、恨亦极、无奈亦极也！故于末句遂冲口呼天而问之：何妨叫我们见一面，哪怕只是一霎！通篇只为此“天便教人，霎时厮见何妨”一句蓄势，故至此势来则不可遏矣。

周美成也是个善言情的词人，写来极细、极婉、亦极执着，步步近逼，密不透风。他善于体物，如“碎影舞斜阳”一句就极形象地把“风帘动”写活了。他善于用典，如“秦镜”“韩香”，一方面在追问中写出那种渴望见面的急切，一方面他选用一个男赠女的典故，一个女赠男的典故，又暗示着两情都有“厮见”的共同之渴望。他善用语言，无论朴雅，皆循情感而设，如“最苦”二句和最后一句虽朴直，可是非常恰当，故不显俗，这正如况周颐所说“愈朴愈厚，愈厚愈雅”。

还有一首《玉楼春》，也是写得极好的情词。词云：

玉楼春·桃溪不作从容住

桃溪不作从容住，秋藕绝来无续处。当时相候赤阑桥，今日独寻黄叶路。

烟中列岫青无数，雁背夕阳红欲暮。人如风后入江云，情似雨余粘地絮。

这是一首回忆往事，怅触前情的词。他有一首《瑞龙吟·章台路》，写的是物是人非之感，这首词则写的是人非物亦非。因人非而牵及物非，人的心理发生了变化，景物也相应地变化了，这就是所谓的“人异其心，因而物异其致”（金圣叹语）。由景物之变化，而有了前后景物之比较；景物的比较中又含蕴着今昔之心情的比较。

“桃溪”二句，用刘、阮故事写自己轻易地离别了情人，至于藕断（即“偶”断）不能再连，此为大悔恨之言也。“当时”二句，写时间之“当时”与“今日”的比较；空间之“赤阑桥”与“黄叶路”的比较；心情的“相候”之神怡与“独寻”之心苦的比较。在这诸多层面的比较中，孤独者更显其孤独，心苦者更加心苦。此四句，每两句作一今昔之比较，只言时间链条上的两个点——两个具有强烈对比意义的点，而不言两点之间的“活动”过程，这使得词句里包蕴者多多。正如黑格尔所说：“如果拿诗和绘画来对比，在感性现实和外在定性方面的这种欠缺，在诗里却变成一种不可估计的富饶，因为诗不会像绘画那样局限于某一一定的空间以及某一情节中的某一一定的时刻，这就使诗有可能按照所写对象的内在深度以及时间上发展的广度把它表现出来。”（《美学》第三卷下第6页）中国古典诗词历来重含蓄，含蓄也是周词的一大特点。周词在表现“对象的内在深度以及时间上发展的广度”方面，颇有独到之处。上面说的是今昔之比较，下面再说说色彩之比较。上片之“赤阑桥”与“黄叶路”已暗示出色彩不同所表现的心情亦不同；下片色彩的比较更细腻。我们看“烟中”二句，“列岫”是层山叠嶂，自见出“青”色之浓，“夕阳”而云“欲暮”，亦见出“红”色之淡。俞平伯先生评此二句云：“最寻常的字句，最分明的境地，山川佳侠，造化梳栊，何处宜匀脂，何处宜拥髻，实罗万象，并入毫端。”（见《清真词释》第11页）每种颜色都有一种兴奋作用，从而有着某种特定的价值。淡烟微抹青山，暮色呈出雁阵，那红那绿，自有一种引人注目的光辉，一种攫人心灵的魅力，而这里是绿远红淡，又自蕴含着一种时不再来的哀愁。色彩本身具有象征因素，美籍学人刘若愚先生谈到这首词时曾说："绿色的小山（岫）表现大自然的静态，而红色的落日则象征时间的流逝。同时，这一系列颜色的比较，是一系列静与动的意象间的比较。第一段便含蓄着一个总在动着的彷徨者，甚至在爱的幻境中都不得停歇。这个彷徨者与'藕断丝连'形成比较。在后两句里，静静地等候爱人的意象与羁旅者寻行于旧路的意象作比较。在下片里，不动的小山和飞着的大雁，风吹动的云与粘在地上的柳絮作比较。这些比较的意象，一方面表现了词中的'我'的生活无着落；另一方面强调着爱的执着的本性。"（《北宋主要词人》，美国普林斯顿大学出版社，英文版，第164页）刘先生把颜色的比较，推而为自然界的静与动的比较，进而为人的客观环境之动荡与内在感情之执着的比较，其说甚好。"赤阑桥"固然可能有其地，抑或有所本，但关键还是那个"赤"，那赤色有着春天之烂漫与两情相悦之炽烈的象征。"黄叶路"之"黄"色，则明显有秋天之肃杀与心情之冷寂的象征。远处无数青色的小山，静静地，像是"我"内心激荡后暂时的停歇，而那"静"里积蓄的是更深更强的思念。那将要淹没到山后的夕阳，送来一行缓缓的大雁，那雁也被染成了淡淡的红色，这象征着一天天、一年年的时光无情地逝去。白色的云飘入了不尽的江水，就像那意中人淹没在时间的长河；晶莹的柳絮粘在地上，就像那游子的心凝滞在感情的沃野……这一系列色彩的比较，全为表现人物心理的变化、感情的波动，这些比较写得如此生动出色，一方面得力于美成对情感体味之深，另一方面也在于他善于遣词命句，将词安排得密不透风。

周美成作过不少狎妓词，有些作得颇放浪，所以后来有人说他的词旨荡。词本是应歌的，青楼歌馆，就是词的市场，美成作词还是当行本色一类的多，大抵也有适应市场需要的动机。一些太“荡”的词自不足道，有一些写得还是颇好的，如他的那首比较有名的《少年游》：

少年游·并刀如水

并刀如水，吴盐胜雪，纤手破新橙。锦幄初温，兽烟不断，相对坐调笙。

低声问向谁行宿？城上已三更。马滑霜浓，不如休去，直是少人行。

这首小词分寸把握得极好，故未落入鄙俗，所以周济在《宋四家词选》中评此词曰：“本色至此便足，再过一分，便入山谷（黄庭坚）恶道矣！”

上片是写场景，“并刀”三句是写场中人，“锦幄”三句是写场中的气氛。“并刀”是并州（今山西太原一带）所产之刀，以锋利著称。“吴盐”是吴地（今江苏一带）所产之盐，李白曾赞美曰："吴盐如花皎如雪"（《梁园吟》）。刀与盐，皆为后面美女的纤手破橙而设。这里用了"水"，用了"雪"，用了"纤"，用了"新"，清明之至，若无一丝尘杂。"锦幄"三句，写出室内气氛之融融，亦写出这一对客与妓的情谊之融融。境也温馨，情也温馨。

下片则只写女子劝留之絮话，一字字出自朱唇，其中心意思就是"不如休去"，却又不是急急说出，先问"向谁行宿"，旋即言"城上已三更"，意谓时已不早，则前面的问亦如不问，他是绝不该走的了。然又添上一笔"马滑霜浓"，非但时间不允他走，路上行走之艰难亦不容他走了。这一笔绝不可忽过，这里面有一种为"他"设想的一己之担心，于此，这"劝"里面就不只是单纯的留宿，其中又自有一片深情。若此妓真是有此一片深情，则足令人感动；若此妓不过借"情"而"劝"，那她也真是个善劝的人。"不如休去"与"直是少人行"是倒置句，她是说：路上已行人稀少，你还是不如不走吧！妓家留客之情备尽矣。

这首词，上片是写景，下片是记言，写景用实笔，记言多虚写。以实笔写温香暖玉，旖旎风流；用虚写则以"马滑霜浓"、路冷人稀去劝留。上下对比，室内何其甘浓，室外何其凄冷！于是觉劝客之言含情吐媚，姿态动人，则客者焉有不留之理！这首词写得缠绵，无一点轻薄气，造境言情，增之一分则长，减之一分则短，这也算达到了狎妓词的高处。

关于这首词，有人说写的是宋徽宗与名妓李师师幽会时的情事（见《贵耳集》与《浩然斋雅谈》)，这应该是后人附会上的故事，王国维先生在其《清真先生遗事》中已驳之甚详，可参考。其实此词不过士大夫寻常韵事的叙写，写得真切，写得清丽柔婉，含情脉脉，又不落浅俗一路，故传唱于民间，便常常遭好事者敷衍出许多故事。我们盖不可以那些故事去读这词，倒是可以因着这些故事知道这词的影响颇深广。

沉郁顿挫，词中老杜

正单衣试酒，怅客里、光阴虚掷

清人多说美成词的特色是“沉郁顿挫”，这当然不只是声律上的评价，更是心理上的评价。我们上面说过，美成固然喜欢老氏之学，但他也只是做到了“委顺知命”，表面上恬淡退然，实际上内心极苦，他怀有一种极深的忧郁和哀痛。他以其词人特有的锐感，深深地体味着人生的忧惧，把握了世态的悲凉。读他的词，常感到他那种对生命不能永恒的畏惧，那种对命运之神的无奈与惶惑，那种对仕路风雨莫测的忧虑。无论其伤花、怨别，还是念远、思乡，都能听出一种凄咽悱恻之声。我们下面再说他的几首传世之作。

先看《六丑》：

六丑·蔷薇谢后作

正单衣试酒，怅客里、光阴虚掷。愿春暂留，春归如过翼。一去无迹。为问花何在，夜来风雨，葬楚宫倾国。钗钿堕处遗香泽。乱点桃蹊，轻翻柳陌。多情为谁追惜。但蜂媒蝶使，时叩窗槅。

东园岑寂。渐朦胧暗碧。静绕珍丛底，成叹息。长条故惹行客。似牵衣待话，别情无极。残英小、强簪巾帻。终不似、一朵钗头颤袅，向人欹侧。漂流处、莫趁潮汐。恐断红、尚有相思字，何由见得。

这是一首伤落花的词，也是一首伤春的词，这固是美成一己之感伤，但其中亦写出了人们对美好事物的丧失的一种共感，也写出了人类渴望美好、不愿美好丧失的一种共感。

“正单衣试酒”，不是要写“试酒”此一习俗，而是借此一习俗来交代时间。宋时“试酒”在春末（参见吴自牧《梦粱录》与周密《武林旧事》），所以这里是点明时间在春末。不直说，就蕴藉、就沉郁。“怅客里、光阴虚掷”，写当时的处境和心态。徐无闻先生推断此词作于美成四十岁以前在庐州或荆州时（参见《周邦彦词赏析》，巴蜀书社，1988年出版，第175页），这时正是美成去国离乡，遭受了一些政治上的波折，有志不遂，绮怀未尽，易伤哀乐的时期，所以“客里”就说是“怅”，“光阴”就说是“虚掷”。“愿春”三句，是说天意不遂人意，春去了，而且去得那么快，去后又不留一丝痕迹，此何其残酷者也！“为问”三句，一问一答，写花之随春尽而飘落，是他在追问着寻觅着。花经雨而落，却着一“葬”字，而所葬者又是如有倾国之貌的美女一样的蔷薇花，把美毁坏给人看，此又何其残酷者也！“钗钿”三句是寻觅时所见，落花如美人之钗钿委地无人收，胡乱抛掷在桃溪柳陌。花身已葬于“夜来风雨”，花魂却飘荡不能安寝，此又何其残酷者也！花落就没有人追惜了吗？他就又一次追问：“多情为谁追惜。”下面不说人了，“但蜂媒蝶使”二句，去写那因花而生存的蜂蝶，上下翻舞着在花的遗香中寻找那娇美的花靥，它们为什么“时叩窗槅”？这又是美成的特色了，他总是婉转着写，一层一层地裹着写，这就是“深”，这就是“密”，这才能写尽“沉郁”。你看那“窗槅”，外面是蜂蝶的碰撞，里面呢？我们可以想象里面有一个美人，她身上散发着花一样的香，那寻觅花靥的蜂蝶百寻不得之时，就误把人香作花香而“时叩窗槅”了。这里借蜂蝶的痴迷而写出寻觅者的执着，写出对美好之丧失的深深的追惜。同时这里又引出了美人。前面在写蔷薇时，就说它是“楚宫倾国”，唐人就有“夜来风雨葬西施”的哭花之句（韩偓《哭花》），美成这里不言西施而只言“倾国”，西施本在吴国，而此处却说“楚宫”，这又让人联想到“楚王好细腰”的典故，而这种楚腰之美女经了风雨，则如雨打风吹中的蔷薇柔弱无助地惹人悲怜。人与花是交织的，典与喻是叠用的，而典故用得灵活，比喻用得生动，典中有喻，喻中生象，象中传情。这种典、喻之用，是美成融前人之法而出以一己之法，可以说开后来词家无数之法门。

下片更是亦人亦花，怅情无限。东园岑寂，绿叶已渐渐布满枝头，“花”的时代已经过去了，静绕于“珍丛”，那“叹息”也是一种向园中的告祭。此时人亦怅怅，物亦怅怅。“长条”三句，写的是物恋人，实是因人之悼花而移情于物。“残英小”三句，言人之痴迷至强使残花略簪一二，然而却哪似盛开时戴在美人头上的婀娜多姿？“长条”句已是无中生有之想，“残英”句更有无可奈何之情，惜花至此，更复何说？花既不存，春既已去，故只有对残花劝以“莫趁潮汐”去之速速。为什么劝它不要去之速速呢？他又往上加了一层设想：或许那花瓣上也写有一个半个相思字呢，你要漂得太快，漂得太远，那上面的相思字我怎么再见得到呢？这又可以见到周美成用典之活了，他是用“红叶题情付御沟”的典故，换叶为花，恋春恋花的依依之情里又因用了“相思字”而与人联系起来，则春光、春花、美人便打成一片，写感伤于一切美好之事物的逝去，用意极奇幻，用笔极多变，沉郁顿挫而情致缠绵。

下面我们再看他的一首《夜飞鹊》：

夜飞鹊·河桥送人处

河桥送人处，良夜何其。斜月远堕余辉。铜盘烛泪已流尽，霏霏凉露沾衣。相将散离会，探风前津鼓，树杪参旗。花骢会意，纵扬鞭、亦自行迟。

迢递路回清野，人语渐无闻，空带愁归。何意重经前地，遗钿不见，斜径都迷。兔葵燕麦，向斜阳、影与人齐。但徘徊班草，欷歔酹酒，极望天西。

这是一首回忆曾有的一次送别的词，他重经旧地，过去的离别之情景历历在目。从上片一直到下片的“空带愁归”，都是回忆，那一场别离也真是别得不易。在河边送人，那人是要乘舟远去的。送别的酒喝了一夜，斜月远堕，烛泪流尽，凉露沾衣。那种凄冷的感觉好像至今未去。“离会”散后，他们听听渡头的更鼓声，看看树梢的参旗星，没有再留一会儿的时间了。那个“探”字里面真是有好多的不舍。走的人乘着船去了，送的人怅怅地往回走，连那马（“花骢”）也好似解人意，纵扬鞭，它也不放蹄而去，好像要让它的主人再多留恋一会儿。船好像去之速速，马却是行之迟迟。但是再行迟也是在走，渐渐地听不见码头上的人声了，他就“空带愁归”。下面就写他重经前地的感受，“何意”一问，写出他没有想到再来时这里竟有了那么大的变化，没有一丝旧物遗留，走过的小路也好像找不到了，时间真的过了这么久了吗？那远方的朋友真的就不再回来了吗？他在旧地徘徊着，只有望着远方，班草酹酒，祷告那远人一切平安。这里用“班草”这个典故也真是让人读着凄凉。《左传》里就有“班草道故”之说，后来史书和诗文中也常用这个典故，是说路遇同乡或友人，就近铺草而坐，叙旧道故。可是美成这里，是他自己，是他一人在那里“班草”，在那里“酹酒”，这就让人觉得他是在那里自言自语，好像在幻中与友人谈话，那种情思真是让人不忍读。

说到这里，我们大略知道周美成词的那种“浑厚”的特质了。这种“浑厚”里面有着美成一己之深感久蕴的情思，这是他的词之所以能够“浑厚”的内在动力。而在形式上的表现则是含蓄蕴藉，反复缠绵；则是模写物态，曲尽其妙；则是思索安排，神化无迹。可以说周美成把北宋词之“雅化”推到了极峰，其标志就是“浑厚”。“浑厚”确是“雅”了，但也一时难懂了，它不是一见就让人称羡的那种表面直接具有感发力量的词，它是需要你细细咀嚼、细细体味的，是越咀嚼越有味，越体味越喜欢的。王国维一开始并不喜欢周美成，评价不高，后来就说他“不失为第一流作者”了，进而更说他是“词中之老杜”，是“两宋之间，一人而已”。清朝有个叫先著的说：“美成词，乍近之觉疏朴苦涩，不甚悦口，含咀久之，则舌本生津。”（《词法》卷五）陈廷焯亦云：“美成意余言外，而痕迹消融，人苦不能领略。”（《白雨斋词话》卷八）

都说周美成是个集大成的词人，其实严格来说，他还是婉约、本色这一路的集大成者。同时也应该看到，他又是一个雅与俗两路的集大成者。柳永的追求“市场化”与苏东坡的追求“文人化”在周美成这里达到了一种非常完满的融合，所以他的词，文人雅客案头可读，西楼南瓦曲中能唱。李清照在其《词论》里，对她前代词人几乎无不有所指摘，而于比她大近三十岁，属于她的前辈的词人周美成却未置一词，这其中所透出的消息，或也可说明在李清照那种“词别是一家”的理论系统里，周词还一时难以指摘。因为周美成可以说是取前人之长而去前人之短的词人，从柳、苏两大家来说，他既重视“文人化”，也不排斥“市场化”；而他又屏除了柳永的“词语尘下”与苏东坡的“不协音律”。我们自可以说，所谓“词语尘下”，正体现着柳词那种具有原始本色意义上的原发力量。所谓“不协音律”，又表现着苏词那种曲子中缚不住的豪放气格。而周美成是融合出一种“浑厚”的风格，他讲求词语与音律的安排，是“市场化”里不失“文人化”，“文人化”里不失“市场化”的。柳的那种“原发力量”与苏的那种“豪放气格”都浑化到他那种“沉郁顿挫”与“富艳精工”的浓厚之中了。

王国维说周美成是“词中老杜”，这话要分析。从继往开来此一角度讲，周略可以与杜比，周美成在有宋一代的词坛上是个“结北开南”的人物，其影响又不只在南宋，可以说直至于清朝和近代，其作词的路数，开后世无数法门。但是若从词的内容和气格上讲，他绝不能和杜甫比，杜甫一生比周美成苦多了，但在他的诗中，叹老羞卑之言少，爱国忧民之意多，此是美成所短者也。又，杜诗“浑涵汪茫，千汇万状，兼古今而有之”（《新唐书·文艺传上·杜审言·杜甫传赞》），此美成可及者乎？

『任纵天然』的李清照

李清照词最大的特点是“纯真”，是“天然”。无论是前期写闺情离情的那种感伤，还是后期写那种容入家国之恨的沉痛与孤苦，都出之以天然纯真，不假任何雕饰，直如行云舒卷自如；花开叶落，忽喜忽悲，一任天然，似不着一丝“力”而有“大力”蕴乎其间也。人读其词，绝无暇心在雅俗上分辨，只觉得好，只觉得她和我们没有时间空间之阻隔，一下子就把她的歌唱到了我们心里去了。

绝假纯真李清照
莫道不销魂，帘卷西风，人比黄花瘦

李清照（1084—约1155），自号易安居士，济南（今山东济南）人。她的父亲是李格非，曾以文章受知于苏东坡，知名于文苑，南宋时甚至有人说他的文章是“自太史公后，一人而已”（见宋人韩淲《涧泉日记》卷下），这大概是过誉之言了，但有文名自是不虚的。李清照的母亲王氏是显宦之后，亦善属文（见《宋史·李格非传》）。十八岁那年，李清照嫁给了山东老乡赵明诚（字德甫）。赵明诚的父亲是赵挺之，与李格非同朝为官，李赵结亲是在京城，当时赵明诚还是太学生。李清照生活在一个文人仕宦之家，自少年即有诗名，才力华赡，逼近前辈。史书里没有她的传记，她父亲在《宋史》里是有传的，史家还算不吝啬，在她父亲的传里写了她几笔：“女清照，诗文尤有称于时，嫁赵挺之之子明诚，自号易安居士。”她的父亲李格非大概是因为曾受知于苏东坡之故，被划在了“元祐党籍”的名单上，自然受了些苦。而她的公爹赵挺之却是新党，曾参与迫害过苏门的黄山谷。苏、黄那一派的陈师道和赵挺之是连襟，十分痛恨赵挺之，《朱子语类》上记载，陈师道陪着皇帝郊祀，没有厚裘衣御寒，家人就去赵家借了一件来（也有说是向邢和叔家借的，邢、赵与陈三人连襟，而邢与陈亦不谐），既是亲戚，这又算得什么大事？可陈师道却非常生气地说：“你不知道我根本不穿他们家的衣服吗？”他宁可挨冻也不穿，结果却因冻病而死。赵挺之后来做到了宰相，口碑似不佳，总让人觉得他是踩着人家“元祐党人”的苦难爬上去的。李格非被划入党籍时，李清照曾向赵挺之投诗救父，中有“何况人间父子情”之句（这可能是借用了黄山谷“眼看白璧埋黄壤，何况人间父子情”的成句），可是并没有结果，是他救不了，还是不救？难以考辨了。党争之火，蔓延其家，赵荣李辱，竟若霄壤。清照对她的这位公爹无法心存恭敬，赵挺之做了宰相后，清照贺诗有“炙手可热心可寒”句，那言外之意也就是说：“您别太得意了！”

不过父是父，子是子，她对丈夫赵明诚还是爱之至深的。赵明诚是个稽古迷，专于金石学，有《金石录》传于世，与欧阳修之《集古录》俱称金石学史上的名著。清照夫妇二人，伉俪情笃，同好金石书画，常节衣缩食，专心治学，出入相偕，奇文共赏，古来闺房之乐，莫胜于斯。她南渡后为亡夫遗著所作之《金石录后序》中记着许多她与夫君的故事，她前期的词里，有很多是他们爱情生活的记录，读着十分感人。靖康一变，国破家亡，夫君亡故，展转异乡，易安晚景实在凄凉，不“易”

亦不“安”也。

宋人说李清照在赵明诚去世后曾改嫁张汝州（一作张汝舟），未几又离异了。这在她自己的一些残编断简的文字里也多少透出一些消息。可是从明清至近世，有很多人出来为清照辩诬，主张清照并未改嫁，改嫁之说不过宋人诬陷。士林何以竟对清照改嫁与否震动如此？我看这已不是一个“词学”问题，而是一个“文化”问题了；亦非只是一个学术问题，大抵也有观念问题。女之改嫁，实属常事，清照似无例外之理。要是改嫁，盖出无奈，其中原由，殊难考校。再适汝州不久，旋即反目，看来是一桩极不成功的婚姻。她是太爱赵明诚了，赵的死，对她来说又何止是地陷天倾！接下来又是东逃西奔，疲命于道路。居无定所，财物频失，这对一个近五十岁的妇女来说，何其艰难！后来到了杭州，稍微安定了一些，以清照之性格，她未尝不想改变一下她的生活，从哀痛无助、离乱无定、疲惫不堪的困境中走出来，再婚之念，或起于斯耶？然择非其人，配了个“驵侩之下材”，这在她的苦上就更增其苦了。如果她确实是再婚了，也并不能说她就是一个“忘恩忘义”“弃旧恋新”之人。后世论者都以李、赵伉俪情深，而说清照断不会忘怀明诚，另结新欢，这种类于“从一而终”观念何其陈腐浅陋！这种说法也确实没有多少力量。又兼说者大多不能持之有故，言之成理，所以这场“官司”到现在也没打出个输赢来。士林为清照不平的原因，大概主要还不只是她改嫁了，而是她嫁的竟是那个张汝州，若嫁了个什么旷世奇才，或许就不会有人那么激烈地、愤愤地为之辩诬了吧？说不定还会传为词林佳话呢。吾人有时太爱为古人担忧，而且常常以一时一己之观念衡断古事之然否，所以就常常意气用事，引起一些无谓之争，若能起古人于地下而问之，古人不亦应笑吾人多情而滥用其情哉？

一个人在其人生道路上的选择多多，谁又能保证他的每一次选择都是对的呢？李清照虽为旷世才女，可也不能不让她失误吧，其实作词和做人，鉴诗文和选丈夫，本来就不是一回事的。对李清照的改嫁与否，吾人大可不必太在这上面用心。改嫁与否，对读她的词并无多大的影响，对她的声誉也没什么太大的影响，我们何必在这里苦心孤诣地浪费我们的学术力量呢？要而言之，宋人说的，我们不信，明清人说的我们却信，这是为什么呢？明清人倒比宋人更知道李清照是怎么回事吗？又有人说，应该相信李清照自己写的《金石录后序》，那上面并没有写改嫁张汝州的事，那上面满满的是对赵明诚的爱。我们当然相信清照的自述，可那是她为她的亡夫之遗著作的序，她写张汝州干什么呢？

李清照以词闻名，而又能诗文，善书画，古来“文艺界”的女子，当推她为第一人。清照之词，独树一帜，若郑振铎先生言：“她不受别的词人的什么影响，别的词人也似乎受不到她的什么影响。”（《插图本中国文学史》）她可以说是词中的第二个李后主，这样说并不是说她是受了李后主的影响，而是说他们都是纯粹的以他们的生命去填词的，他们的词都是那种平常语中不平常的词，即使用事，亦如己出。他们的词，谁都能懂，谁都能感动，人们都会惊奇，怎么那么平常的字句到了他们的手里竟有那么大的攫人的力量，让人一读就直抵内心，一读就永远也忘不了呢！李后主有一颗“赤子之心”，这就是“绝假纯真”之心，这是一种“道”境，这是一种有着无限“可能”的大“无”之境，这是一种宇宙的本然状态，在这里不用一切雕饰而万事万物皆自然。李清照也是这样，清水出芙蓉，天然去雕饰。再加上作过《菩萨蛮》《忆秦娥》的李太白，真可称为“词家三李”了。

清照词雅，这是不必说的，但“雅”不始自她，也不自她确立，也不自她张扬。她是在“雅词”发展道路之外，自有一种清雅的标格而已。按陈廷焯说的，她是“独辟门径”，是“独树一帜”。清照词最大的特点是“纯真”，是“天然”。无论是前期写闺情离情的那种感伤，还是后期写那种容入家国之恨的沉痛与孤苦，都出之以天然纯真，不假任何雕饰，直如行云舒卷自如；花开叶落，忽喜忽悲，一任天然，似不着一丝“力”而有“大力”蕴乎其间也。人读其词，绝无暇心在雅俗上分辨，只觉得好，只觉得她和我们没有时间空间之阻隔，一下子就把她的歌唱到了我们心里去了。

王国维说李后主的词“俨有释迦、基督担荷人类罪恶之意”，这是说，李后主词中所表现者虽为其个人一己之感伤与悲哀，却足以包容所有人类之感伤与悲哀。读李清照词，不亦如此嘛！何以能至此呢？则一定是他们的那种“纯真”，是道家所谓本根意义上的“纯真”。“道”是一种具有无限包容性、无限可能性的宇宙本初的能量，是有着无限之妙用的能量，是“本真”，是“大真”，而此“本真”与“大真”通过“纯真”之人体现在作品中，则不需任何装饰而自有一种超时空的攫人之力量。若是美女，虽粗头乱服，亦不能掩其国色也！李清照和李后主一样，是那种全无所谓反省与节制的任本性恣肆的任纵之词人。她在作《词论》时或许有些“反省”的东西在，尽管那《词论》作得也不失恣肆；但她作起词来，却绝无理智之束约与常规之顾忌。这从她的词风与其《词论》中那些褒贬前贤之说的不同自可看出来。

理论是理论，创作是创作。李清照属于那种“纯情”诗人，而不是“理性”诗人，有着一种任纵与纯真的性情，她是以其“赤子之心”感于外物，故其“感”也，极“锐”极“敏”，亦极“深”极“切”，她全不假借于常规的普遍的认识，而是一任其敏锐深切之感受，因而，任何理论包括她自己的亦不能成其创作之范囿。而其《词论》，就主张而言，不过一句“词别是一家”而已，余皆品藻（即品评）人物之言也。从她的品藻中我们可以看到，前辈诸贤几无一人合乎她的主张，遍看她对前贤的优劣之述评，能够合其“优”而避其“劣”的，大概只有周美成可以当得，可她却未着美成半字，此又颇费琢磨。近人杨海明先生曾著《李清照〈词论〉不提周邦彦的两种探测》一文以“测”之（见《唐宋词论稿》浙江古籍出版社，1988年，第304页），但即为“测”，则脚步难稳，故其探测之结果也就疏恍未成定谳。若必说李清照之《词论》与周美成的关系，则夏承焘先生所谓“若拿她这些议论、见解来读周邦彦的《清真词》，却正是‘波澜莫二’。”（见《月轮山词论集》第10页）这番话也就说到头了，再“测”，也不容易测出什么结果来。我们看她的《词论》，她主要是说“词别是一家”，词就是词，不是诗也不是文，要有个界限，任何的艺术形式，总要有自己的一己之家园，不是不能借他人成势，而是“借他人成势而勿使侵害己”（韩非子语）。李清照作词，就是守这个“别是一家”。至于什么“典重”“故实”，“词语尘下”与否，“音律”谐和与否，那是说人家的。她的原则是“别是一家”，她也作诗文，其中没有词家影子，她的词里，也不著诗文腔。她的词，在形式上守住“本色”，在风格上是任纵而天然。

平常言语不平常

花自飘零水自流，一种相思，两处闲愁

李清照词可以从靖康之变，她的南渡为界，分为前后两个

时期。前期的生活是一种带有宋人情味的陶渊明式的雅趣生活，她与夫君时守时分，守时是满满的爱悦，分时是浓浓的离情。靖康之后，她就成了“流离遂与流人伍”的难民，家园丧失，疲于奔命；夫君早亡，孤苦无依，晚景十分凄凉。她的词，无论前期还是后期，都有一种深深的感伤，只是前期感伤于生离，后期感伤于死别，其中轻重，自可读出。

我们先看她几首前期的词：

如梦令·常记溪亭日暮

常记溪亭日暮，沉醉不知归路。兴尽晚归舟，误入藕花深处。争渡，争渡，惊起一滩鸥鹭。

这首《如梦令》中的“惊起一滩鸥鹭”一句，有的本子作“惊起一行鸳鹭”，用“鸳”用“鸥”两可，不过都是水鸟耳。而“一行”与“一滩”相较，我以为“一行”总不如“一滩”好。若用“一行”，则鸟已在天上，先不说操桨争渡者是否有暇顾及那一行水鸟飞上天，只从这里写的是晚归争渡之急这一点看，那种一行水鸟在天的视觉之得就不若一滩水鸟闻声乍起于滩地的听觉之得更切合人之“急”与鸟之“惊”的情况。你可能要说，舟已误入藕花深处，只可见“行”，无法见“滩”。这须进一步说，鸥鹭所居处，是那个“滩”，它们因受到惊扰而慌忙起飞，遂有声鸣翅动的拍岸而起之仓皇，人虽不能有余心去看鸟，可是却能听到鸟的慌乱声，又何必非要见“滩”呢？

如梦令·昨夜风疏雨骤

昨夜风疏雨骤，浓睡不消残酒。试问卷帘人，却道海棠依旧。知否，知否？应是绿肥红瘦。

这第二首《如梦令》须注意一个“酒”，一个“花”（“红瘦”即指花谢）。至于有的本子作“雨疏风骤”，有的本子作“风疏雨骤”，那倒没有多少关系，反正是写昨夜有风雨。“酒”字可说，“浓睡不消残酒”，那一定是昨夜就着“风雨”吃过酒。酒这东西，是高兴时也欲吃，愁苦时也欲吃的，而清照多是在愁苦时吃，故其愁苦之词中多有“酒”字。清照酒量如何不得而知，但说她常饮大概不会有问题，因为她的词里十之八九都有酒。如“不怕风狂雨骤，恰才称，煮酒残花（又作‘笺花’）”（《转调满庭芳》）；“微风起，清芬酝藉，不减酴醾（指酒）”（《多丽》）；“沉水卧时烧，香消酒未消”（《菩萨蛮》）；“莫许杯深琥珀浓，未成沉醉意先融”（《浣溪沙》）；“忘了临行、酒盏深和浅”（《蝶恋花》）；“酒意诗情谁与共”（《蝶恋花》）；“不如随分尊前醉，莫负东篱菊蕊黄”（《鹧鸪天》）；“东篱把酒黄昏后”（《醉花阴》）；“酒醒熏破春睡，梦远不成归”（《诉衷情》）；“要来小酌便来休，未必明朝风不起”（《玉楼春》）；“共赏金尊沈绿蚁，莫辞醉，此花不与群花比”（《渔家傲》）；“断香残酒情怀恶”（《忆秦娥》）；

“险韵诗成，扶头酒醒，别是闲滋味”（《念奴娇》）；“酒美梅酸，恰称人怀抱”（《蝶恋花》）；“三杯两盏淡酒，怎敌他、晚来风急”（《声声慢》）等。不堪一一枚举，就是她晚年没有心情出门，也说“谢他酒朋诗侣”（《永遇乐》），可以说“酒”伴随了她一生的感伤与苦痛。

回过头来，再看这首《如梦令》中的“酒”，那里面也能读出许多孤独。“绿肥红瘦”对花期不久的敏感，亦与上面的饮酒情绪相合。这里用“卷帘人”的未留意于“绿肥红瘦”之变化作反衬，更见出清照伤时光之易逝，苦于孤独之难耐的心绪。

一剪梅·红藕香残玉簟秋

红藕香残玉簟秋。轻解罗裳，独上兰舟。云中谁寄锦书来？雁字回时，月满西楼。

花自飘零水自流。一种相思，两处闲愁。此情无计可消除，才下眉头，却上心头。

这首《一剪梅》可说者略有二端，其一是，这词本是写李清照与赵明诚离别后的相思之苦，不是什么好心情。而上片则连用“红藕”“玉簟”“兰舟”“锦书”等好词儿，这是以好词儿写坏心情之法，可是词儿再好也压不住坏心情，唯其如此，就更见出那别情之不堪。其二是，下片之“此情”三句由范仲淹《御街行》“都来此事，眉间心上，无计相回避”化出，但更胜一筹。

眉间心上，初歇又至，斩也不断，理也还乱，写离愁之不能尽绝。“才下”“却上”，中间几无稍息，极言思之切也；而由眉入心，又言思之深也。下片都是平常语，却有多少不平常！

醉花阴·薄雾浓云愁永昼

薄雾浓云愁永昼。瑞脑消金兽。佳节又重阳，玉枕纱橱，半夜凉初透。

东篱把酒黄昏后。有暗香盈袖。莫道不消魂，帘卷西风，人比黄花瘦。

这首《醉花阴》最脍炙人口，竟引人为这首词编了一段故事，是清照以此词寄与夫君赵明诚，明诚叹赏，自愧不能及，可又不服气，就闭门谢客、废寝忘食者三天三夜，作了五十首《醉花阴》，把清照所作混入其中，让他的朋友陆德夫看。陆玩味再三，说是：“只三句绝佳。”明诚忙问是哪三句？陆答曰：“莫道不消魂，帘卷西风，人比黄花瘦。”（见《琅环记》）赵明诚也真是瞎耽误工夫，陆德夫也真是慧眼识金。这个故事大概是编的，意思是清照这首词作得好。这词确实好，所以这故事编得也就让人信，人们也愿意信其有，视为词林之佳话。此词之妙全在“人比黄花瘦”一句，与秦观《水龙吟》中“天还知道，和天也瘦”之句，俱称于词林。“瘦”字，不在写身，而在写心，写伤别也，如《凤凰台上忆吹箫》中说的：“新来瘦，非干病酒，不是悲秋。”

上片“半夜凉初透”，写身凉，下片“人比黄花瘦”，写心凉也，亦如《一剪梅》之“才下眉头，却上心头。”

这样的词，我们几乎用不着去过多地解释，都是些平常的话，那意象是敞开的，没有那种莫测语言的高墙阻隔着我们；她也不是一点不用那种富有书卷意味的文辞雅句，但那充其量不过像依偎着春末的蔷薇或者是秋末的菊花的那种不经意的小竹篱笆。那不是阻隔，那简直就是一种邀请，这使得我们还没有完全进入她的词就先有了某种感动，而当我们进入到她的词里之后，又足以令我们有一种诗意的回味。这就是她所特有的“雅”，这“雅”不是周美成式的“典丽精工”，也不是苏东坡式的“学士潇洒”，没有秦观那种“淑女”式的纤细的哀婉，也没有晏殊那种“贵胄”式的矜持的怀想。她任她个人一己之性情，自然而然地感发于本心，以其女性之锐感，以其诗人之性灵，以其对古来文化慧智的感悟，以其对人情物态认真的态度，成就了一种融陶渊明与李后主于一处的那种全然无所矫饰而以纯真与人相见的“大雅”，这正是她在词史上卓然独立，不让须眉的地方。

若说清照的词怎么就“别是一家”了？李清照以其词之创作的回答就是：以生命之任纵融入本色，以心灵之纯真直抵本根。她的词虽以寻常不经意的语句度入曲律，却有吞梅嚼雪，不食人间烟火的气象。“雅”是她词的内在力量，而不是门户，“雅”一旦成了“门户”，就拒人以千里之外了。清照的“雅”

不在“门户”上，她的“门户”是敞开的，是可以接受古今天下人的，这是因为她用语之“寻常”，而她的词又是可以感动古今天下人的，这是因为她的词里蕴含着一种纯真的、本然的宇宙根本意义上的能量，这是一种无声之“大雅”，有无形之大象存焉。这种大雅的力量是无穷尽的，有着“没身不殆”的久长，所以我们一旦读过她的词，就总也忘不了。

在她前期的词作里，有一首比较特殊的《渔家傲》可说，词云：

渔家傲·天接云涛连晓雾

天接云涛连晓雾，星河欲转千帆舞。仿佛梦魂归帝所。闻天语，殷勤问我归何处？

我报路长嗟日暮，学诗谩有惊人句。九万里风鹏正举。风休住，蓬舟吹取三山去。

这颇类游仙体，却绝不可作游仙诗读。这里写的是一个梦，是一种精神的游历，一种生命的追问。

“天接”二句，一开始就把人带入了一种幻象世界，故以“仿佛梦魂归帝所”一句接着。梦幻之来是因为志意不得抒发、愿望不得实现之压抑的结果，压抑愈重，则腾越之力也愈大。现实中无处言说，则扶摇直上九重去与天帝对话。“闻天语”二句，明天帝所问，用“殷勤”二字，有一种平等感、温馨感。

下片“我报”二句，是一种苦苦求索的诉说和一种不甘现状的表白，这也足见作者情感志意上受压抑之剧。她向天帝诉说着她的渴望、她的向往和她的苦痛，她在寻找出路。“九万里风鹏正举”，用《庄子·逍遥游》之意，写其欲摆脱苦痛、挣开羁绊，她呼唤风不要停住，她要乘长风直向那象征自由乐土的仙岛去了。这是她的一种志愿，就像屈原作的《远游》，初放汉北，怀念故乡，意不自聊，遂逞其幻想与想象之所极。李清照以数十字之小词，将屈原诗之情思志意容纳其间，以汹涌磅礴之气，吸风饮露之致，更写出一个追求自由、不甘寂寞者的情怀。能及此境界者，有宋以来，罕见其人。

后人说：“此绝似苏、辛派，不类《漱玉集》中语。”（《艺蘅馆词选》乙卷）遍览《漱玉集》，确无此等云差雨使、腾天御神的词章，这就给我们提出至少两个问题：第一，为什么竟有这样一首与集中风格迥异的词呢？第二，我们说她这首词是“一种生命的追问”，那么她是由何而起的这种追问呢？我们由后往前说，先说第二个问题。我们说她在“追问”，是从末三句看，所谓“三山”是指蓬莱、方丈、瀛洲，传说在渤海中，那是神仙所居之处，而且那里有长生不老药。《史记·封禅书》上说，那个地方，“未至，望之如云；及到，三神山反居水下。临之，风辄引去，终莫能至云。”用“三山”这个典，就有追寻的意思在。追寻也好，追问也好，总是因为不甘心。清照属于那类不甘落他人后的人，你看她就能作出“生当做人杰，死亦为鬼雄”

的诗来。她这个人，喜欢“赌博”一类的游戏，不是为赌钱，而是要争高低，博输赢。她在其《打马图序》中有明白的陈述：“博者无他，争先术耳，故专者能之。予性喜博，凡所谓博者皆耽之，昼夜每忘寝食。但平生随多寡未尝不进（是说她每赌必胜）者何？精而已。自南渡来流离迁徙，尽散博具，故罕为之，然实未尝忘于胸中也。”“博”者，都是争“先”恐“后”，喜“赢”恶“输”，一般都是不甘心才博，可是博了就更不甘心，无论输、赢、先、后，越博就越爱博。清照的爱博，就是这种“不甘心”的反映，不甘心就要追问，“博”也是一种追问。追问什么呢？就是追问生命的意义与价值。我们前面说过，她和李后主都是那种以生命去填词的人，人类的爱以及一切的情感都是生命的一部分，它终极的意义是什么？她钦佩“不肯过江东”的项羽那样的英雄气度，和“至死薄殷周”的嵇康那样的独立人格。她的精神上的那种需要，绝非只是与夫君析鉴古物、自己度曲填词这些事可以满足得了的。思项羽，慕嵇康，这还算是一种有形的追求；而我以为清照更有一种无形的追求，那就是一种精神的大乐境与一种生命的无穷境。你看她写的是“梦魂归帝所”，那“帝所”自是天帝所居，我们读《史记》的《扁鹊传》和《赵世家》，就能看到秦穆公和赵简子都说过“我之帝所甚乐”的话，那是一种“大乐境”“大自在境”。我们也知道，所谓“三山”，那里有仙人和不老药，这里面自然也有着某种暗示，暗示着对生命之无穷的需要。这倒并非追求不死，而是老子所说的那种保有着“死而不亡”的“长久”的活力。这是一种生命的“无穷境”，是一种“道境”。清照还有一首《晓梦》诗可以帮助我们理解她的这种志意与追寻。她在这首诗里写她梦见了仙人安期生和萼绿华，传说安期生一千岁，萼绿华九百岁，清照就在梦里同他们谈话，同他们吃茶，她说：“虽非助帝功，其乐莫可涯。”她说：“人生能如此，何必归故家？”她醒来后，“心知不可见”，可是却“念念犹咨嗟”。你看这里面不是有着一种对生命之无穷的追寻吗？她精神的需要真是太大了，几乎没有办法满足。倒是在博戏里她可以得到一种替代的满足，可是那也不过是一种没有终极结果的暂时的宣泄后的通畅而已。这种追寻常常把她带到梦里、幻里，溢到词里，就有了上面那首《渔家傲》。那为什么在《漱玉集》中仅有此一首这类的词呢？这可能与她那个“词别是一家”的主张有关系，同时大概她也不太愿意把这种精神的苦闷与生命的追问过多地显露在文字之中，因为这种东西在那个时代也确实颇难见容于闺帏。

家国之悲，苦风扑面
寻寻觅觅，冷冷清清，凄凄惨惨戚戚

以靖康之变为限，清照南渡以后的词染上了一种家国之悲。近读王洪先生所著之《唐宋词流变》说清照之后期词“其所写者一妇人，其所照者一个时代也”，说甚得之。清照词前后期在任纵纯真此一方面没有什么变化，只是用语更寻常，滋味更深厚。其词不须解说，而自有苦风扑面。我们先看她两首长调，其一，《永遇乐》云：

永遇乐·落日熔金

落日熔金，暮云合璧，人在何处？染柳烟浓，吹梅笛怨，春意知几许？元宵佳节，融和天气，次第岂无风雨？来相召，香车宝马，谢他酒朋诗侣。

中州盛日，闺门多暇，记得偏重三五。铺翠冠儿、捻金雪柳、簇带争济楚。如今憔悴，风鬟霜鬓，怕见夜间出去。不如向、帘儿底下，听人笑语。

这是写元宵节的词，人家热闹，自己清冷，完全没了旧时情味。我们看上片，一共四个韵脚，前三句是一压韵一发问：“人在何处？”“春意几许？”“岂无风雨？”问，不是为了得个回答，是为“谢他酒朋诗侣”找个理由。李清照是很爱游赏的，如今懒得出去，不愿意热闹，其心之苦冷可知。

下片先回忆“中州盛日”之景，那是国家还没有破的时候，那是她还年轻的时候，她就打扮得漂漂亮亮地去看灯。可如今呢？她没有说国家怎么样，她只说自己“风鬟霜鬓”，人已憔悴了，所以就不愿意出门了。“不如向、帘儿底下，听人笑语”，这不是一种无奈，而是一种疏离，是与那种说说笑笑，无忧无虑的疏离。说自己老了而懒得出去看灯，那是表面的理由，那是说给人家听的理由，往深里说，她不是身懒，而是心懒，她的良知使她不能忘怀那失掉的家园与破碎的河山。她不是那种“暖风熏得游人醉，直把杭州作汴州”的人。

其二，《声声慢》：

声声慢·寻寻觅觅

寻寻觅觅，冷冷清清，凄凄惨惨戚戚。乍暖还寒时候，最难将息。三杯两盏淡酒，怎敌他、晚来风急。雁过也，正伤心，却是旧时相识。

满地黄花堆积，憔悴损，如今有谁堪摘？守著窗儿，独自怎生得黑。梧桐更兼细雨，到黄昏、点点滴滴。这次第，怎一个愁字了得。

后人多称许此词用叠字用得奇，这是对的，开始就连下十四个叠字，真是不简单！修辞立其诚，那十四个叠字是心里流出来的血，是眼中流出来的泪，所以才是绝唱，后人岂能仿得？仿得其叠字，又岂能仿得其心曲？能如此敢连下数重叠字，可见她的任纵；而此数重叠字让人读来如苦风扑面，冷雨浇心，则看出她的纯真。“乍暖还寒”，是说忽冷忽热，这是写天气，也是写心情。“最难将息”，是说身体与心理皆无安定感。过去只是离愁困扰着她的时候，酒还可以帮助她抵御，可如今这酒也没有用了。正伤心处，北雁南来，却带不得一丝家园消息。再看看眼前黄花堆满地，这个“堆积”用得真好。“堆积”有倚委在一起的意思，憔悴败萎再也打不起精神，是一种完全的破坏，有一种难言的悲苦。这是写花，更是写人。下面若干句，就是写她在漫漫的精神长夜里挣扎。这不是一个“愁”字就可以说得清楚的。这是一种“大悲境”，涵容着古今一切的悲苦，担荷着人类一切的苦难。所以此词与李后主的“一江春水向东流”一样，感动着后世一代又一代的人。

再看她的一首小令《武陵春》：

武陵春·风住尘香花已尽

风住尘香花已尽，日晚倦梳头。物是人非事事休，欲语泪先流。

闻说双溪春尚好，也拟泛轻舟。只恐双溪舴艋舟，载不动许多愁！

这是李清照避居金华时作的，当时她已五十三岁了。此词亦如上面两首长调一样，写着一种极端绝望的心绪。“风住尘香花已尽”，是暮春景象，狂风稍住，花已零落殆尽，此并非只是一种物象的描写，更是心绪的描写。国破家亡，好时光已被雨打风吹去，故心绪极坏。“日晚倦梳头”，仍是写心绪之恶，此虽与温庭筠《菩萨蛮》之“懒起画蛾眉，弄妆梳洗迟”、魏夫人《江城子》之“别郎容易见郎难，几千般，懒临鸾”以及清照自己的《凤凰台上忆吹箫》之“起来慵自梳头”是同一笔法，但那些只是写生离之小愁，而这里是写家国之恨，是写死别之悲，其深浅是自有区别的。三四两句，直写“物是人非”，国家罹难，夫君长逝，和平的日子、恩爱的生活都没有了，过去的愁是“欲说还休”，是不愿说，不是不能说；现在就是想说也说不出了，语言化作泪水，无声而更悲于有声。

下片宕开一笔，听说双溪（金华的风景区）那个地方仍有很好的春意，自然不似眼前的零落破败，所以她有了泛舟双溪之想，她是想去寻找一点慰藉。作者本是爱玩的，周辉的《清波杂志》里记载，清照在南京时，“每值天大雪，即顶笠披蓑，循城远览以觅诗。”那是夫君还在的时候。此时她或许也想借游览以缓解苦痛，那里的春意，说不定能使她的心情好些呢。可是这打算旋即被打消了：“只恐双溪舴艋舟，载不动许多愁！”可见这“愁”是怎么也消不去的了。这“愁”有了重量，是一种新的写法，压得人喘不过气来。后来《西厢记》里写别愁是“大小车儿载也载不起”当是从李清照这里化过去的。这里的情绪和《永遇乐》里“怕见夜间出去”的极端绝望的心绪是一样的。双溪春固好，但那不属于她，国之破，家之亡，把她的春天已经彻底地带走了，借用她的话说就是“休休！这回去也，千万遍《阳关》，也则难留”了。清照就是在这种没有春天的凄凉悲苦之中客死异乡的。她的晚年之作，让人知道了什么叫大苦深悲。

李清照的词形成了一种所谓的“易安体”，什么是“易安体”？就是指她的词风，她的词风若用一句话说就是：寻常言语不寻常。我们前面引述过郑振铎先生的话说，李清照不受别人的影响，别人也没受着她的影响。人或谓，不见辛弃疾、刘辰翁皆有“效易安体”之作乎？而我说正因其标出“效易安体”，才不是受影响，不过是借那“体”用用而已。受影响是从里到外，是整体地被沾溉，不是形似，而是神通。这才叫“受影响”，遍览南宋、元、明以来之词林，谁受了影响呢？不是不想学她，是学不了。她的词和李后主的词一样，是可望而不可即的。那是一种个体生命与宇宙大道最完美又最自然的会通，并不是可以从技巧之类表面形式上就能理会得的。

『雄深雅健』的辛稼轩

辛弃疾的词，雄而深，雅而健，他就是嚷，也因为底气足而让你不觉得空；作雅句，也因为有一股英气在，而不似文弱书生。缠绵的东西他也写，但不是软绵绵的悲悲戚戚，内中也有筋骨力。辛弃疾词一出，在词史上形成了“稼轩体”，所谓“稼轩体”就是辛弃疾词的整体风貌，若概括起来说，就是“雄深雅健”。读他的词，次次都能读出风骨，次次都能读出大气。

不遇的一生

却将万字平戎策，换得东家种树书

辛弃疾一生“以气节自负，以功业自许”。时代把他呼唤出来，政治又把他消磨殆尽。那个时代的政治没有成就他，可是那个时代却成就了他的词。

辛弃疾（1140—1207），字幼安，号稼轩，山东济南人。他出生时山东已被金国占领。幼年时，他的祖父辛赞对他的影响很大，常常带着他和一些孩子“登高望远，指画山河，思投衅而起。”（出自《美芹十论》）他后来就真的“投衅而起”，拉起了两千多人的队伍，要恢复南宋，从此开始登上时代的政治舞台。当时济南有个叫耿京的农民，有一支更大的队伍，辛弃疾就把自己的人马并入了耿京的队伍。这个时候金国出了件大事，金主完颜亮因急于向南宋进兵而被他的部下杀掉了。金人一方面派人到南宋议和，一方面引军北归。这是一个很好的机会，辛弃疾建议耿京与南宋朝廷联系，以便协同作战。建议获允后，他和一个叫贾瑞的人被派往南宋朝廷商洽。可是他没有料到的是，他们南下之后，一个叫张安国的被金人收买，把耿京杀了。张因而做了金国的官。辛弃疾北返走到海州才知道发生了事变，他临时组织了五十来个人，直接杀到金营里去了，活捉了张安国，当场又号召了上万的士兵起而反正，带领着他们急驰南下，到了南宋朝廷，把张安国杀了。你看这是何等的精神，何等的勇气！他本以为这回可有了政治依靠，让他痛快地去征战沙场，可是没想到，一来就被解除了武装，像一个流民一样被散置在淮南州县之中了。

后来宋廷经过符离一败，把宋孝宗吓坏了，主战派的张浚被排挤，主和派占了上风。辛弃疾来到南方没几年，朝廷一片主和声，可他不顾自己官卑位微，上《美芹十论》独抒自己的政见战策。后来他又写了九篇论文，名曰《九议》，献给宰相虞允文，更进一步地陈述自己的政见。今天我们读他这两组论文，更能看出他是一个有智慧、有韬略的政治家和军事家。可是皇上也好，宰相也好，并没有对他的话加以重视，他的政见战策成了一纸空文。后来他在一首《鹧鸪天》里不无愤慨地写道：“却将万字平戎策，换得东家种树书！”

辛弃疾在南宋四十余年，几乎一半的时间是被免官闲置在家的。人有几个二十年？从他六七岁懂事到他六十七岁去世，他也只有三个二十年，可是三分之一的时光他被压抑着不能做事，这真是他人生的不幸。辛弃疾在南宋的四十余年中，先后做过一些地方官，他是一个无私而磊落的人，不管朝廷对他怎么样，一旦起用他，不论官职大小，不管在任久暂，他都非常真诚地尽职尽忠，所到之处，总会有一番兴建。比如在公元1172年，他被派到滁州做知州，那时他刚过而立之年。滁州当时是一个非常糟糕的地方，天灾兵燹把那个原本就贫僻的地方弄得更是民不聊生。辛弃疾去了，制定了一些好的政策，实施了一些好的措施，只半年多的时间，就“人情愉愉，上下绥泰”“荒陋之气，一洗而空”了（见周孚《蠹斋铅刀编》卷二十三之《滁州奠枕楼记》）。公元1175—1181年，他又在江西、湖南做过提点刑狱、转运副使、安抚使等职。这期间他奉命平定过农民暴动。但他不只是平乱，他也在思考为什么农民会造反。他做了调查研究，给皇帝上了一封《论盗贼札子》，谈到民为国之本，他们的造反，是贪浊之吏逼迫的结果，他劝皇上要“讲求弥盗之术，无恃其有平盗之兵也。”这当然是为统治阶级设想，但总比那些只知“平盗”而不思“养民”的官要清明得多了。他在做地方官时，做了不少养民救灾的事；在湖南他还组织了一支两千多人的“飞虎军”，备战以求恢复。他做事非常大胆、果断，雷厉风行，不容置疑，因此也得罪了不少人，后来，有人弹劾他“杀人如草芥，用钱如泥沙”，于是他被免了官，在江西上饶附近的带湖闲置了十年。十年后，他到福建做安抚使。当时官场上，有一道很有意思的“风景线”，那就是若不做实事，可能稳步上升；一做实事，就有可能被罗列罪名给告下来。辛弃疾这回又被人以“残酷贪饕”的罪名给告下来了，这一下来又是将近十年。带湖的房子被烧毁了，他又在铅山找了个地方安家，自己取了个名叫“瓢泉”。等他再复出时，已是年逾花甲了。当时南宋之重臣韩侂胄要北伐，辛弃疾被委任到前线的镇江做知府。他一方面积极备战，详细调查敌情；一方面也强调不能草草从事，要知己知彼，做好充分的准备。但韩侂胄根本不懂得战争，听不进辛弃疾的话，辛弃疾在镇江任上还不满十五个月，就被韩氏一伙以“好色贪财”给弹劾下来了。辛弃疾又回到了他的瓢泉。

辛弃疾老了，而他平生的志愿百无一酬，老死在了他乡。《宋史·辛弃疾传》记载了这样一件事，南宋末，宋度宗咸淳年间，“史馆校勘谢枋得过弃疾墓旁僧舍，有疾声大呼于堂上，若鸣其不平，自昏暮至三鼓不绝声。枋得秉烛作文，旦且祭之，文成而声始息。”这虽类小说家言，可是也会令人想到，辛弃疾死得的确是不甘心啊！

以生命写其词，以生活实践其词

想当年，金戈铁马，气吞万里如虎

我们用这么大的篇幅讲述辛弃疾的事迹，就是为了更好地读他的词，叶嘉莹先生说，辛弃疾的词里表现了他的志意、理念的本质，他是“用他的生命去写他的诗篇的，用他的生活来实践他的诗篇的”。(《唐宋词十七讲》) 我们了解了他生活的大概，就能比较好地理解他的词。他的一生是“不遇”的一生，他的词里多有这方面的词。换一种说法，用叶嘉莹先生的话说：“辛弃疾本来的力量是向上冲的，是进的，是忠义奋发，而他的环境遭遇，……所遇到的是另外一种从上面压下来的力量，所以词的特色，常是这两种力量的激荡盘旋。他的忠义奋发的力量和遭到的谗毁、罢废的反面压抑的力量，这两种力量的激荡盘旋，就是他词里的一份本质。”（同上引）辛词当中确实存在着两种力量的激荡盘旋。

下面我们来看他的词，先说一首《水龙吟》：

水龙吟·登建康赏心亭

楚天千里清秋，水随天去秋无际。遥岑远目，献愁供恨，玉簪螺髻。落日楼头，断鸿声里，江南游子。把吴钩看了，阑干拍遍，无人会，登临意。

休说鲈鱼堪脍，尽西风，季鹰归未？求田问舍，怕应羞见，刘郎才气。可惜流年，忧愁风雨，树犹如此！倩何人唤取，红巾翠袖，揾英雄泪？

按邓广铭先生《稼轩词编年笺注》说，这是淳熙元年（1174

年）的作品，邓先生说，此词“充满牢骚愤激之气，且有‘树犹如此’语，疑非首次官建康时作。盖当南归之初，自身之前途功业如何，尚难测度；嗣后乃仍复沉滞下僚，满腹经纶，迄无所用，迨重至建康，登高眺远，胸中积郁乃不能不以一吐为快矣。”

此词上片写景，起句便写得浩荡，笼住全篇，境界极阔。他登高临远看到的是什么？是故国的山，那山就像一个饰以玉簪，梳着螺髻的满面愁容的女子，前人固亦有用“玉簪”“螺髻”写山的，可“献愁供恨”，却唯有辛弃疾可道得。“落日”三句境极悲凉。“把吴钩看了”四句，写出“报国欲死无战场”的焦虑与愤懑。

下片是抒情，连用了三个典故，这就见出辛弃疾的特色了，他写他的志意，写他的襟抱，写他的“不遇”的苦闷，不是直嚷成口号，不是歇斯底里地号哭，他讲究委婉曲折，含蓄蕴藉，他讲究形象意象的表现，典故在他那里也是一个形象的来源。用典故，北宋词人特别是东坡已开其先，然东坡用典，如烹制佳肴加一点佐料，而辛弃疾视典故，如菜耳。刘辰翁有一段话说得极好：“词至东坡，倾荡磊落，如诗，如文，如天地奇观，岂与群儿雌声学语较工拙？然犹未至用经用史，牵雅、颂入郑、卫也。自辛稼轩前，用一语如此者，必且掩口。及稼轩横竖烂漫，乃如禅宗棒喝，头头皆是；又如悲笳万鼓，平生不平事并卮酒，但觉宾主酣畅，谈不及暇顾。词至此亦足矣。”（《辛稼轩词序》）

我们看这三个典故：“休说”二句，是用晋人张翰（张季鹰）

的故事，张翰见秋风起，思家乡美味佳肴，就辞官归故里了。用这个故事说什么心情呢？张翰是那类勇于“退”的人，辛弃疾不是，他一生都不忘收复河山，他的良知使他只能“进”不能“退”。这里用张季鹰故事而云“休说”，就是说他绝不思退。“求田问舍”三句，是用刘备的故事，《三国志·陈登传》上说，许汜见陈登，陈登薄礼以待，许汜就诉怨于刘备，刘备对他说，似你这样只知“求田问舍”而不关心国家大事的人，陈登那样对你已经不错了。辛弃疾是羡慕刘备那样的英雄，他自然也耻于只顾自己的“求田问舍”了。“可惜”三句，用桓温的故事，《世说新语·言语》载：“桓公北征，经金城，见前为琅琊时种柳，皆已十围，慨然曰：‘木犹如此，人何以堪？’攀枝执条，泫然流泪。”辛弃疾用此，发无限之悲慨。南归以来，他基本上是被体面地弃置不用，时光就这么白白地浪费掉了，他不能不“泫然流泪”。可这泪又有谁能理解呢？“倩何人唤取，红巾翠袖，揾英雄泪？”此一句发问亦合着上片的“无人会，登临意。”世界好像把这位英雄给忘了，读此词真如闻垓下之歌也！这是他南归之初的词。

我们再看三十余年后他在镇江作的那首著名的《永遇乐》：

永遇乐·京口北固亭怀古

千古江山，英雄无觅孙仲谋处。舞榭歌台，风流总被雨打风吹去。斜阳草树，寻常巷陌，人道寄奴曾住。

想当年，金戈铁马，气吞万里如虎。

元嘉草草，封狼居胥，赢得仓皇北顾。四十三年，望中犹记，烽火扬州路。可堪回首，佛狸祠下，一片神鸦社鼓。凭谁问：廉颇老矣，尚能饭否？

这是他晚年之作了，虽曰“怀古”，实是伤今。通篇纵横驰骋，一气呵成，足见其笔法，愈老愈辣。此词开篇即沉郁之至，说孙权这样的英雄没有了，找不到了。其实不是英雄没有了，是有英雄也被“雨打风吹去”了。“斜阳”以下，他又开始用典故了，“寄奴”是南宋之主刘裕的小名，他没当皇帝时就住在京口的寻常巷陌中，他在这个地方起事，平定了桓玄的叛乱，后来推翻了东晋做了皇帝。这是说，现在这平常的巷陌，过去可不平常，因为有个不平常的人物曾在这里住过。言外之意，现在只剩下平常的巷陌了，刘裕那样的历史事变性的人物已经不可能出现了。“想当年”三句，盛赞刘裕的北伐功业。这里面也未尝没有辛弃疾的自许在，他也是个“金戈铁马，气吞万里如虎”的人物，可那也只能是“想当年”了。刘裕取了霸业，他儿子宋文帝刘义隆就不行了，下片头三句，是用刘义隆的故事，他是个好大喜功的人，为邀名而打仗，其实并不懂，就如韩侂胄。他想像汉代的霍去病那样扬名天下，却因草率出兵，以至惨败。（事见《南史·宋文帝纪》与《宋书·王玄谟传》）用这个典，显然是以刘宋说赵宋，冲着韩侂胄那种轻敌之议的；从中表现出辛弃疾极有战略眼光的严谨态度。“四十三年”以下诸句，由吊古而伤今，想一想宋文帝被北魏武帝拓跋焘（字“佛狸”）追到长江边；望一望扬州，想到了四十三年前金兵渡江在这里燃起的战火。现在金兵就在过去拓跋焘驻军的地方屯着重兵，“一片神鸦社鼓”是以北魏说金国，以香火尚旺喻其余势犹存。末三句“凭谁问：廉颇老矣，尚能饭否？”既是辛弃疾烈士暮年、壮心不已的心灵之写照，也有着深深的国中无人之叹以及有人而不能善用之叹。

这也是一首用典颇多的词，辛弃疾是要说，英雄人物如古之孙权、刘裕者看似“无觅”，实际上并不是没有，只是有志于恢复、有能力恢复的人却不被朝廷所用。朝廷用的人，不是不思恢复者，就是如韩侂胄这类口言恢复而无能力恢复者。事业之大，必需要人才，人才不得，事必无成！此词所怀古伤今者，意在斯乎！

辛弃疾的词在用典上，可以说能做到“熔经铸史，驱遣自如”，但有一些用得太过，不止非笺疏不能懂，更有害于词意。其一味“掉书袋”的词，读起来如读小说，学问真大，知道得真多，可就是读着没有意味，这是文艺之大忌，虽辛弃疾不免也。辛弃疾之“掉书袋”，在创作上固不足取，倒是有一点“文化”上的意思可说，他和一般腐儒的“掉书袋”是不可同日而语的，腐儒的“掉书袋”出于显示，辛弃疾的“掉书袋”出于发泄。不能在沙场上驰骋，就在文艺里驰骋，经史典故就成了

印信

他的兵勇，大才不出于彼，则必发乎此，他的“掉书袋”不是使才逞博，而如战场上的驱遣将士。后人胸中没有他那么多书，所以读起来就费劲。

辛弃疾的“熔经铸史”，使得他的词散文化的倾向十分浓，我们在说北宋词时谈到范仲淹的《剔银灯》和王安石的《浪淘沙令》，那就有些散文化的意思，后来一些大家那里也有一些，但都是偶尔为之，不成气候。至辛弃疾，词的散文化蔚为波澜矣。我们先看他一首《贺新郎》：

贺新郎·甚矣吾衰矣

甚矣吾衰矣。怅平生、交游零落，只今余几？白发空垂三千丈，一笑人间万事。问何物、能令公喜？我见青山多妩媚，料青山见我应如是。情与貌，略相似。

一尊搔首东窗里。想渊明、停云诗就，此时风味。江左沉酣求名者，岂识浊醪妙理。回首叫、云飞风起。不恨古人吾不见，恨古人不见吾狂耳。知我者，二三子。

我们读这首词，就像听辛弃疾在说话，词一作到像说话一样了，那平缓的形式之下往往寓着更大的悲痛；若作得像说笑话一样了，那悲痛就难以承受了。前者如辛弃疾那种散文化的词，后者似元散曲里的“黑色幽默”。

作这首词时，他还在铅山赋闲，当时他已年逾六十，所以说“甚矣吾衰矣”，这是用孔子的原话，孔子也是慨叹，辛弃疾也在慨叹，孔子慨叹“久矣吾不复梦见周公”（《论语·述而》），辛弃疾慨叹知音零落，这时他的好朋友陈亮、韩元吉都已离开人间。“白发空垂”的“空”字，伤老大而不能有所作为；“一笑人间万事”的“笑”，是苦笑，笑得无可奈何，此时不哭而笑，其苦痛更甚，心境更惨。这人间万事真是没有意思，这就需要开解呀，他就心游天地外，不与人世说话了。“我见青山多妩媚，料青山见我应如是。情与貌，略相似。”他把山当作朋友；“想渊明《停云》诗就，此时风味”，他与古之孤标高士的陶渊明沟通。超越人与物之阻而扩展了空间，超越古与今之隔而打通时间。人间现实也真是让他孤独得可以了！“回首叫”一句，是向宇宙、向历史发出的超时空的呼喊，“不恨”二句是伴随着“云飞风起”的呼声：我自心中有道义，可有几人知我？这里借张融“不恨我不见古人，所恨古人不见我”（《南史·张融传》）之叹，写出了辛弃疾世无知音，不被理解的苦闷心情。“知我者，二三子”，是说能知我的没有几个人。他心存道义，能与古人交会，能与大自然交会，却独不见容于当前的世界，这是为什么呢？辛弃疾在这里留下了志士仁人向不正常之社会发出的千古询问。他一生以气节自负，以功业自许，他追求了一生，可垂垂老矣之时，却发出如此求之不得的哀叹。

把词作得像说话，而其中蕴着大悲哀的，还有一首小词写得真是好，这就是《西江月》：

西江月·遣兴

醉里且贪欢笑，要愁那得工夫。近来始觉古人书，信著全无是处！

昨夜松边醉倒，问松我醉何如？只疑松动要来扶，以手推松曰去！

这也是闲居在铅山瓢泉时的作品，写吃了酒的醉，满纸酒气自字间出，可是内心却绝对澄明。“醉里且贪欢笑”，是说唯醉里聊可欢笑，醒时苦痛自知。“要愁那得工夫”，是豁达语，也是躲避语，“愁”是无处不在的，可这回醉了，愁就不要再来了。不是没工夫愁，是这点醉里的工夫就不要再让我愁了。“近来”二句，写他好像突然明白了，古圣贤那些遗训，现在想来是不应该傻傻地照着去做了。因为你越照着去做，你就越倒霉。这是说古圣贤呢，还是说现实呢？当然是说现实是非不明、黑白颠倒。所以他在这里是说反话，说圣贤书无用，实是批判现实的无道。下片写醉态极逼真，亦含有对现实的不满与抗争。那个“去”字，就是“滚开”的意思，不要觉得我醉了，就糊涂了、不中用了，我照样是心底真诚，照样可以实实在在地走路。这词读起来明白如话，文字生动，设境也新奇，而大痛亦藏其间。不要以为这里面没有典故，比如“近来”二句，就是从《孟子》那儿来的；“以手”句是从《汉书·龚胜传》来的。只是他用得真是了无痕迹，如同己出，所谓“熔经铸史”，这应该算个火候。

寂寞无人管

明月别枝惊鹊，清风半夜鸣蝉

辛弃疾在南宋四十余年，几乎一半的时间是被闲置家居的，家居时的词，除了悲慨与不遇，他也写了一些清新的农家词，比较有名的是《清平乐·村居》和《西江月·夜行黄沙道中》。

《清平乐》云：

清平乐·村居

茅檐低小，溪上青青草。醉里吴音相媚好，白发谁家翁媪？

大儿锄豆溪东，中儿正织鸡笼。最喜小儿亡赖，溪头卧剥莲蓬。

这是他第一次被免官，闲居于带湖时的作品。此写醉中所见，“茅檐低小”是近景；“溪上青青草”是远景；“大儿锄豆”之“溪东”是更远景。景中有谈笑相悦的农家夫妇，有在远处干活的大儿，有在近处干活的中儿，还有只知道吃还不会干活的幼儿。这是一幅南国农村的风俗画，其中淳厚之古风，使辛弃疾从中略得一些平静。下片是从汉乐府《相逢行》中化出来的，乐府云：“大妇织绮罗，中妇织流黄，小妇无所为，挟瑟上高堂。”

辛弃疾把这里的三女换成三男，写得更有趣。特别是写那小儿，真是传神。他喜欢儿童的天真痴顽，在另一首《清平乐》中写小孩偷枣，也十分有趣："西风梨枣山园，儿童偷把长竿。莫遣旁人惊去，老夫静处闲看。"

再看他的《西江月》：

西江月·夜行黄沙道中

明月别枝惊鹊，清风半夜鸣蝉。稻花香里说丰年，听取蛙声一片。

七八个星天外，两三点雨山前。旧时茅店社林边，路转溪桥忽见。

这是写夜行于黄沙道中的所闻、所见、所感。上片四句写了四种声音，即鹊声、蝉声、人语、蛙鸣。首句用苏东坡"月明惊鹊未安枝"（《次韵蒋颖叔》）句意，写鹊因捡择栖枝的飞动声和枝叶的响动声，夜行人听得犹为清楚。清风而送鸣蝉，其声有摇曳之感，是极优美之夜曲。夏夜独行，清风明月，伴此天籁，已不觉寂寞；又兼稻花香里，传来农家设想丰收的谈话，远近河渠，响着一片蛙声，乡村乐景，更让人忘却夜行的孤独了。下片头二句写忽来微雨，雨不大，故言"两三点"，天没阴透，故仍可见天外的七八颗星，此似从卢延让《松寺》诗句"两三条电欲为雨，七八个星犹在天"那里化出的，而更觉比卢句清新可爱。“旧时”二句，写旧曾来过的茅店，转过小桥，忽然出现在眼前，不必怕被雨淋了。这词写得真是有声有色，活灵活现，而且下笔真是干净。他是大作手，大事小事，写出来都那么美。

婉约词中的筋骨力

休去倚危阑，斜阳正在，烟柳断肠处

辛弃疾的词，雄而深，雅而健，他就是嚷，也因为底气足而让你不觉得空；作雅句，也因为有一股英气在，而不似文弱书生。缠绵的东西他也写，但不是软绵绵的悲悲戚戚，内中也有筋骨力。

我们看他一首《摸鱼儿》：

摸鱼儿·更能消几番风雨

更能消、几番风雨，匆匆春又归去。惜春长怕花开早，何况落红无数。春且住。见说道、天涯芳草无归路。怨春不语。算只有殷勤，画檐蛛网，尽日惹飞絮。

长门事，准拟佳期又误。蛾眉曾有人妒。千金纵买相如赋，脉脉此情谁诉。君莫舞，君不见、玉环飞

燕皆尘土。闲愁最苦。休去倚危阑，斜阳正在，烟柳断肠处。

我们读过之后就能感觉出来，这首词写得真是纤浓委婉。这里面有很深的伤感，有很浓的怨情。他伤什么怨什么呢？我们就要看看他是在什么情况下写的了，前面我们曾说过，读词，总要知道词的背景，这有利于我们理解词中的意绪。这首词是作在宋孝宗淳熙六年（1179年）的，当时他由湖北转运副使调任湖南转运副使，朋友王正之为他饯行，他就作了这首词。他是想有所作为的，他是要“杀身不顾”以报朝廷的，他希望皇帝能委他以重任去恢复河山，可他没有什么实在的军政职权，只是管漕运的转运副使，他很失望。同时也感觉到主和派的压力。所以他说“臣孤危一身久矣”（《论盗贼札子》中语）。在这种情况下，我们就大概知道他在这首词中为什么有那么深的伤感和那么浓的怨情了。

此词上片写惜春，下片写惜人，而惜春正是感伤于好时光的一去不复来；惜人也是上承惜春之旨，写人之生命的价值不被尊重。开篇写风雨，是倒戟而入的手法，如陈廷焯说是“从千回万转后倒折出来”，就比平笔叙述更有滋味。春就在这风雨中去了，这个“春”，不只是季节上的，更是他生命上的，这时候辛弃疾南归已近二十年了，大好的时光就在政治的风雨中摧剥过去了，是“可惜流年，忧愁风雨”。“匆匆”，就是快，为什么觉得快，他是怕老啊，因为要做的事还没有做，“老冉冉之将至兮，恐修名之不立。”时光如白驹过隙，他怎么能不伤时光之易逝呢？这里表面是写伤花惜春，实际上是感伤于他报国之志的落空。四十岁了，还能经几番风雨？还能看多少春天？就怕春天去得太快，就怕花开得太早，开得早就谢得早呀！你看他对春天真是多情，他惜春，连花都不想让它开得太早，可是现在却已是“落红无数”了，这怎么让他禁受得了？“春且住”三句是呼唤，是挽留，“天涯芳草无归路”，你走了就回不来了。可是春没有理会他的挽留，还是去了。若说春还有点影子，那就是多亏了“殷勤”的“画檐蛛网”，还留下了些飞絮。这“絮”，薄薄的，空空的，什么内容也没有，充其量也只能说明春曾来过，春又走了，还是一种落空。你看他写得真是委婉，真是心苦。

下片由伤春转而惜人，用《长门赋》的故事。我们现在还用“金屋藏娇”这个成语，讲的是汉武帝小时候，他的姑母对他说，你长大了，我把你的表妹阿娇嫁给你好不好？汉武帝就说，如果娶了阿娇，我就给她造一座金屋。这就是“金屋藏娇”的来处。这个阿娇就是后来汉武帝的陈皇后。陈皇后后来失宠了，住进了长门宫，她就想办法找到司马相如，花重金让他写了《长门赋》以诉幽情，以悟主上。后来汉武帝又与陈皇后恢复了关系。这当然是后人伪造的故事，辛弃疾这里就是借用了一下，是说“佳期”一误又误，机会一次一次地丧失。现在就是有司马相如那样的人为我写篇《长门赋》，也无济于事，没有人听，所以说“脉脉此情谁诉？”为什么这样呢？是因为“蛾眉曾有人妒”。辛弃疾这里以美人自比，用的是屈原的笔法，美人以喻君子也。屈原《离骚》中说“众女嫉余之蛾眉兮，谣诼谓余以善淫。”女子一漂亮，男子一有才，就常常遭人嫉妒，就常常惹来中伤。辛弃疾不是不知道，也不是没感觉，他在《论盗贼札子》里就说过：“生平刚拙自信，年来不为众人所容，恐言未脱口而祸不旋踵。”他用“长门事”说的就是他的赤胆忠心不被人理解，他内心的苦痛和屈原是一样的。可是你们这些嫉妒者也不要太得意了，历史上的杨玉环、赵飞燕，虽蒙宠幸，尽归尘土，一时得意，终成空花。这是不平语，其中也有一种自信，他相信那些小人不会永远地猖狂。“闲愁最苦”，此处的“闲愁”，是大愁，是时时刻刻不请自来的忧愁，这是辛弃疾最根本的“愁”，你看他无论用什么笔法作词，那种最根本的报国之志意都是含蕴其中的。那种志意的无法实现，就是他最大的“愁”，这就“最苦”。当此之时，不要再去“倚危阑”了，还能看到什么呢？看到的只是“斜阳正在，烟柳断肠处”。这是用景作了结尾，可这里面真是有深情。太阳在烟柳中往下沉，这真是令人断肠！

这词写得真是缠绵悱恻、令人读后荡气回肠！

宋词的高峰
男儿到死心如铁，看试手，补天裂

辛弃疾留下来的词很多，一流的作品也非常多，我们不遑一一说及。辛弃疾词一出，在词史上形成了“稼轩体”，所谓“稼轩体”就是辛弃疾词的整体风貌，若概括起来说，就是“雄深雅健”。他在一首《沁园春》里有一段描写山的文字：“争先见面重重，看爽气朝来三数峰。似谢家子弟，衣冠磊落；相如庭户，车骑雍容。我觉其间，雄深雅健，如对文章太史公。”这段文字很能形容辛弃疾词的风貌。辛弃疾是个英雄，也是个才士，他的词里有雄风，也有雅格，他是个有思想、有智慧的英雄，不是只有匹夫之勇的武夫，所以他的词风不是空洞的“雄”，是“雄”而深挚；他又是一个有大志、有深情的才士，不是那种辞藻风流、儿女情长的才子书生，所以他的词风就不是轻柔的“雅”，却是“雅”而健实。你看他的词，雄豪的，不空泛；委婉的，不软弱。雅语不轻飘；俗话不鄙陋。读他的词，次次都能读出风骨，次次都能读出大气。你说他经意，也真觉得他很经意；你说他不经意，又真好像是不经意，反正什么到了他那里，就都能有一番建树，就能独领风骚。真是“如春云浮空，卷舒起灭，随所变态，无非可观”（范开《稼轩词序》）。

“稼轩体”在词的发展史上的意义，简而言之，可以说它实现了两个“完成”，一是从审美角度说，它完成了阴柔之美的婉约词向阳刚之美的豪放词的转换；二是从创作的角度说，它完成了词之传统的“缘情”的特质与诗之传统的“言志”特质的完美融合。以此而独立于词史，以此而笼罩了词坛（陈洵《海绡说词》中说“南宋诸家鲜不为稼轩牢笼者。”），并直接或间接地沾溉着后来的词人。

词，作到了辛弃疾，就作到了高峰，而且形成了一个相当厚实的群体，是众星捧月，是葵藿倾阳。看过了辛弃疾的词，再看后世的词，你就知道什么叫“曾经沧海难为水”，不是说后世没有好词，而是说没有这么博大的东西了。中国的文学发展很有意思，一种文学样式形成一座高峰以后，就没有第二座高峰再竖起来。诗，就是盛唐，就是李、杜，后来人作上多少年，也只是有山无峰，李、杜就还是“一览众山小”。词，也是一样，就是宋，到了辛弃疾就是顶峰，后人再也爬不过去。不是没有人，不是没有词，它也和诗一样，是有山无峰。所以辛弃疾就能雄视百代。其他的文学样式也是这样，例如散曲，作不过元人；小说有了《红楼梦》，就成就了高峰，到现在，小说多如牛毛了，也出了无数大家，可谁敢说超过《红楼梦》？

『野云孤飞』姜白石

“野云孤飞，去留无迹”，应该说大概可以概括姜白石的词风，不过似还可以加上“香冷”此一种格调。读白石的词，很难说他是“阴柔”的美，说他的词属“阴”尚可，但绝不柔，他的词比较清峭，是“冷”中的味道。有人说他有“阴冷美”的偏嗜，说“阴冷”，又有些过了，他是冷中有味道，像梅花的香，是“香冷入瑶席”；也如荷花的香，是“嫣然摇动，冷香飞上诗句”。他心里有一种高洁，这高洁也像一种“冷香”一样隐隐地往外透，而不是浓郁的香风扑面，其词亦如此。

有安排之妙思的“专业作家”
如野云孤飞，去留无迹

姜夔，字尧章，号白石道人，饶州鄱阳（今属江西）人。姜白石的生卒年一直是个问题，很多人给他作过年谱，但是他的生卒时间总不能确定，现在我们只能依照一般的说法，认为他是生活在公元1155—1221年之间。今人亦有考定白石卒于开禧三年（1207年）前后。他是个诗人，是个词人，也是个音乐家、书法家。后人撷拾一些零散材料，尚能描绘出姜白石为人之大概。这个人气貌若不胜衣，望之如神仙中人。家居不问生产，但图书古董摆满几案。他大概是那种不太会在生活上料理自己的人，一生都是依靠别人过活，先是依靠家人，后来就在一些大官家里作清客。如果说他也是凭本事吃饭的话，那就是凭他的诗词功夫。别人喜欢他的诗词，他就有了饭吃，他没有别的生活来源，就吃“稿费”，他就成了一个“专业作家”。柳永也可以说是“专业作家”，但有两点和白石不同。一是柳永主要是在歌舞场中拿“稿费”；白石主要是在大户人家拿“稿费”。二是柳永后来还是做了官，所以那个“专业”里面就稍稍有了些“水分”；而白石是一辈子也没做官的，所以他可以说是一个纯“专业作家”。如果从词的风格上说，柳永的词是俗曲，白石的词是雅歌，柳词“白”，姜词“清”。从他们面对的“读者”来说，柳永词是“大众的”，白石词是“大户的”，柳词是“流行歌曲”，姜词是“流派歌曲”。从技巧上来说呢，柳永是泥沙俱下而有生命之感动；白石是裁云缝月而有安排之妙思。

姜白石和吴文英是南宋“稼轩体”之外的两个大词人，也可以说是宋代最后两个大词人了。我们在说北宋末的周美成时说过，他“结北开南”，“开”的谁呢？“开”的就是姜白石、吴文英这一路。姜和吴虽可以说是“同路人”，但因其各自的风格不同而各领风骚。说到他们的风格之不同，用南宋末的词人、词学家张炎的话说，姜属于“清空”一派；吴属于“质实”一派。姜白石词如“野云孤飞，去留无迹”，是“暗香疏影”，是瑶席上袭入的冷香；吴文英词则如“幽云怪雨”中的“七宝楼台”，是一种迷乱的、跳动的美丽。

黍离之悲
过春风十里，尽荠麦青青

姜白石生于南宋，在他的词里自然也有对国事的悲慨，尽管他没有像辛弃疾那样，但他还是有悲慨，我们看他年轻时写的一首《扬州慢》，写得真是好！词云：

扬州慢·淮左名都

淮左名都，竹西佳处，解鞍少驻初程。过春风十里，尽荠麦青青。自胡马、窥江去后，废池乔木，犹厌言兵。渐黄昏、清角吹寒，都在空城。

杜郎俊赏，算而今、重到须惊。纵豆蔻词工，青楼梦好，难赋深情。二十四桥仍在，波心荡、冷月无声。念桥边红药，年年知为谁生。

此词前有小序云："淳熙丙申至日，余过维扬。夜雪初霁，荠麦弥望。入其城则四顾萧条，寒水自碧，暮色渐起，戍角悲吟，余怀怆然，感慨今昔，因自度此曲。千岩老人以为有《黍离》之悲也。"白石的词前面通常有小序，这是他的一个特色，因为有了小序，我们便可以知道他作词的一些背景。这里的"淳熙丙申"是宋孝宗的淳熙三年（1176年），此时白石是二十岁左右。

这时他漫游过扬州，看到过去那么美丽的扬州城在兵燹后几成废墟，引起他无限的今昔之感慨，他就怆然作了这首词。这是他的一首自度曲，姜白石通音律，他有不少自度曲。序里的“千岩老人”是当时诗人萧德藻的号。作这首词时，白石还不认识萧德藻，显然这一句“千岩老人以为有《黍离》之悲”的话是后来加上去的，白石词的小序里这类后来加上去的东西，不止此一例。

这一座淮左名都，过去是何等的繁华，现在是“过春风十里，尽荠麦青青”，成了一座荒城。这就让人起了黍离之悲，所谓“黍离之悲”，是从《诗经·王风·黍离》来的，周大夫过西周旧都，见遗址皆长了黍离，作的一首悲悼之诗。白石看到扬州破败如此，也就起了黍离之悲。“自胡马、窥江去后，废池乔木，犹厌言兵。”这一句写得真好，真是有悲慨。这就与国事联系起来，扬州真是不堪兵燹了，不说人之厌于言兵，而说“废池乔木”，都厌于言兵了。用“厌”字好，非常准确，为什么不用“怕”字呢？是因为“厌”是一种很深的从心底里发出的拒绝。“怕”是一种被动的心理状态，而“厌”是主动的。扬州现在是个“空城”了，这不是说现在扬州城里什么都没有了，而是说过去那种美好没有了。就算写了那么多关于扬州的好诗的“杜郎”（杜牧）再来，也写不出过去那种美丽的诗篇了。这里写到杜牧，是拿杜牧那个时代作参照，是拿那时的美好和现在的破败作比较，则眼前的景就更惨，心绪就更恶。“二十四桥仍在”，写物还是旧物；“波心荡、冷月无声”，是写心情已非旧心情；“念桥边红药，年年知为谁生”，写一切的秩序都被打乱了，为谁生为谁死？一切都处在一种非常状态之中，一种没有人气儿的死漠之中，扬州不只是“空”了，扬州也“死”了。

写对扬州“死”的悲慨，正说明姜白石的心还活着，他不能无动于衷。他对国家的这一份感情是有的，但这与辛弃疾不同，辛弃疾是奋发中的悲慨，悲慨中的奋发，他在那种悲慨的感情中还有一份奋发的责任，姜白石就只是悲慨，这感情的质量是不同的。

难以忘怀的爱

肥水东流无尽期，当初不合种相思

白石的词里有一份对国事的感怀，这是无疑的，但这种对国事的感怀并不是他的词里主要的、强烈的感情表现，更鲜明、更浓烈的感情表现，是在他的恋爱的一段经历，一段爱情往事的回忆。姜夔漫游时曾在合肥与一女子有过一段感情的交往，这是一场没有结果的爱，同时也可能是在感情方炽时就因为某种原因分手了，而且从此就再未得相见，所以这“合肥女子”（夏承焘先生这样称呼那个女子）就成了他一生不能忘怀的爱。我们先看他的一首《鹧鸪天》：

鹧鸪天·元夕有所梦

肥水东流无尽期。当初不合种相思。梦中未比丹青见，暗里忽惊山鸟啼。

春未绿，鬓先丝。人间别久不成悲。谁教岁岁红莲夜，两处沉吟各自知。

这首词的题目是“元夕有所梦”，“元夕”就是正月十五，白石有四首《鹧鸪天》写正月十五，都与他的一段情事有关系，我们这里只选他一首来说。为什么正月十五就想起那个女子呢？这里的“可能”也很多，可能他们离别在正月十五前后，也可能在正月十五的灯节里有一段难忘的快乐的经历……反正这个灯节日，就让他想起了那个女孩。一对相爱的人离分后，有很多种由头使他深深地怀念。他们在一起时一切曾有的事物、感觉，一旦有相似的情形出现，他就马上想起他的恋人，比如一首曾一起听过的曲子，比如一起曾赏玩过的东西，比如一起曾见的花草，一起曾游的山水，又比如他们曾一起度过的节日，哪怕一种气味、一种颜色，都能勾起那种无尽的相思，这是为什么呢？这就是因为爱得刻骨铭心。爱，可以给人带来快乐，也会给人带来愁苦，特别是那种没有结果的爱，最是恼人。这种思恋，绵绵不尽，真是“肥水东流无尽期”，它有时候让人愁苦得没有办法解脱，就自己怨恨自己，就说“当初不合种相思”，“爱”这种东西本来就很奇怪，不是你想“种”这“相思”就能种的，那不是有意就可以为之的，是有意栽花花不发，无心植柳柳成荫。爱没有来时，一切都是正常的，山是山水是水，爱一来就都变了，山水就都“非常”起来，若相爱的人偏偏不得已而分离了，这“非常”就往往让他一生不得安宁。白石这里说“当时不合种相思”，本意哪是后悔当时种了相思？他是在怨老天怎么对他那么不公平。现在是只有在画上看她梦里见她，画上相见本来就十分可悲了，梦还不如画，因为梦太短了，它让山鸟给叫破了。

春还没有完全地来，两鬓已经开始有了白发，这当然是相思苦的象征。“人间久别不成悲”，久别和始别时的感情当然是不一样的，那悲哀好像是不如开始时那样强烈了，可并不是没有，是隐下去了，是深入到肌肤骨髓中去了，融会到生命里去了，好像是没有当时那么沉重、那么强烈了，可是它无时无刻都可能涌出来把人折磨得受不了。这也不是一方面的折磨，这是双方共有的折磨，所以说“谁教岁岁红莲夜，两处沉吟各自知。”正因为他是知道这是对他们双方的折磨，他就更难摆脱这折磨，所以他就每在有着红莲灯的元夕夜时，深深地把她想起……不光是这元夕让他想起那一段爱情往事，想起那个可爱的女孩。

这首《鹧鸪天》，读起来很容易，是一种直接的感发，姜白石的小令还是有北宋的味道，长调就不一样了，我们就看出周美成开出的那条路了，他就裁云缝月、思索安排了。周美成的思索安排是在长调里，小令就不太一样。

我们看姜白石那两首著名的联章体的咏梅词《暗香》和《疏影》：

暗香·旧时月色

旧时月色。算几番照我，梅边吹笛。唤起玉人，不管清寒与攀摘。何逊而今渐老，都忘却、春风词笔。但怪得、竹外疏花，香冷入瑶席。

江国。正寂寂。叹寄与路遥，夜雪初积。翠尊易泣。红萼无言耿相忆。长记曾携手处，千树压、西湖寒碧。又片片、吹尽也，几时见得。

疏影·苔枝缀玉

苔枝缀玉。有翠禽小小，枝上同宿。客里相逢，篱角黄昏，无言自倚修竹。昭君不惯胡沙远，但暗忆、江南江北。想佩环、月夜归来，化作此花幽独。

犹记深宫旧事，那人正睡里，飞近蛾绿。莫似春风，不管盈盈，早与安排金屋。还教一片随波去，又却怨、玉龙哀曲。等恁时、重觅幽香，已入小窗横幅。

这两首词前面有一个小序，说是“辛亥之冬”作的，这个“辛亥”就是宋光宗绍熙二年（1191年），他说“余载雪诣石湖”，“石湖”就是范成大，号“石湖居士”，范成大是范仲淹的后人，是南宋颇负盛名的诗人，家有余财，有大宅院，姜白石这时就“载雪”到范成大家里做清客了。他说范石湖“授简索句，且征新声”，就是说让他作词，而且要谱新曲子，他就作了上面那两首词，并谱了新曲。范石湖“把玩不已”，反复欣赏，看来这位范石湖也真是喜欢。他就给这两首曲子命名为《暗香》和《疏影》，这是从林逋著名咏梅诗句“疏影横斜水清浅，暗香浮动月黄昏”中拈出来的。姜白石离开范家时，范石湖就送给他一名叫小红的歌女，所以姜白石的诗里就有“自作新词韵最娇，小红低唱我吹箫”的句子。小红也成了他的“稿费”。

这是写梅花的，但不容易一读就懂，王国维都读不懂，他曾说过，这两首词，“格调虽高，然无一语道着。”我们说了，他不是走北宋直接感发的那条路，他是走周美成开出的思索安排的那条路，思索安排，时空跳接，在他这两首词里都有。

我们先看他的《暗香》，在这里面有他的很多回忆，“旧时月色。算几番照我，梅边吹笛。”玉人和月摘梅花，那是过去；现在不行了，现在是“何逊而今渐老，都忘却、春风词笔”了。梁朝的诗人何逊曾写过《咏早梅》，这里姜白石是拿何逊自比。不愿回忆，可是那梅花却偏偏是“香冷入瑶席”，这“香冷”，这伴着丝丝寒冷的花香，就把他那“旧时月色”唤回来了，把那种与玉人和月摘梅花的往事唤回来了。他不愿意回忆，因为一番回忆就是一番折磨。他这时候可能又想起了那个曾经一同赏梅的“合肥女子”了吧。夏承焘先生早就考证过，他认为就是这么回事（参见《姜白石词编年笺注》附录《行实考》之《合肥词事》）。下片“江国。正寂寂。”怎么又写“江国”呢？有人说这是发国事之感慨了，其实也不一定，这是写江天万里没有消息，就是“寂寂”，因为这种“寂寂”，便没有好的心情。下面说“叹寄与路遥，夜雪初积。”暗用陆凯“驿寄梅花”的故事，说这梅花也寄不得，因为“夜雪初积”，把路阻住了。其实不阻也不能寄，那女孩子已经嫁人，他们的消息不能传递了。诗词就是这样，不直着说，要转一个弯，要借个不相干又相干的事来说自己的心事。他想寄情，又不能寄情，所以就说夜雪阻住了寄梅花的路。既寄不得，又不甘心，所以就一面喝着酒流泪，“翠尊易泣”；一面止不住深深地怀念着那个女孩，就“红萼无言耿相忆”，这个“耿”字用的真是一往情深！下面又跳到过去，过去是携手湖边赏梅，与上片写的与玉人摘梅花相呼应。那时是“千树压、西湖寒碧”，那花开得真是浓烈，两情相悦也正是浓烈。接着一转又回来了，现在是片片吹尽了梅花，他会在什么时候才能见到她呢？这是说花也是说人。

《暗香》还好说一点，《疏影》就更得费口舌。“苔枝缀玉，有翠禽小小，枝上同宿。”这是写一种苔梅，吴越之地有苔梅，就是枝上有青苔，宋高宗曾说过：“苔梅有二种，一种宜兴张公洞者，苔藓甚厚，花极香；一种出越土，苔如绿丝，长尺余。”（引自《武林旧事》卷七）姜白石这里也是借苔梅说事，你看“苔枝缀玉”，这形象真好！下面的“翠禽”就用典故了，姜白石也是善用典故的，从用典这个形式上看，和辛弃疾一样，但是他们却又有一种大不一样的，那就是，辛弃疾用典是内心对这个典故有真正的感动和兴发。他不但以感发来写词，也以感发来用典。姜白石是用思力来写词，也是用思力用典故的，他的典故都是用他的思力来安排的，这是姜和辛绝大的不同，也是根本的不同。叶嘉莹先生是这样认为的，这种说法很准确、很到位。

我们来看姜白石的用典，那个“翠禽”，有一段故事，隋朝有个叫赵师雄的人调任到广东罗浮做官，日暮遇到一位美人，他们就喝酒，还有绿衣童子歌舞助兴。赵师雄醉梦之中就“东方已白”，起来看到一棵大梅花树上，有绿色小鸟在树上相顾而鸣（事见曾慥《类说》卷十二引《异人录》）。把这个“翠禽”安排进来是有意图的，是要把那个“美人”引进来。翠禽，就是那个绿衣童子，梅花就是那个美人。夏承焘先生考出姜白石离开“合肥女子”是在有梅花的时候，这梅花就成了勾起白石记忆的由头，一见到梅花，他就想到那个女孩。下面说“客里相逢”，这里面也有很多内容，赵师雄也是“客里相逢”，姜白石与那个女孩也是“客里相逢”，现在面对所咏的梅花，也是“客里相逢”，因为他是在范成大家作清客的。这里的时间空间就不是一个，赵师雄梦回之后，是“惆怅而已”，姜白石与那个女孩的一段爱情往事也是如梦如烟，现在看这“苔枝缀玉”的梅花，也只能“惆怅而已”了。接下来他又用了一个典，就是“昭君不惯胡沙远”，用的是王昭君的故事。咏梅为什么又想到王昭君呢？可能是他联想到了唐朝王建的《塞上咏梅》，诗云：“天山路边一株梅，年年花发黄云下。昭君已没汉使回，前后征人谁系马？”这昭君就和梅花联系起来了。一说昭君，于是就有人和“北狩”的徽、钦二宗联系起来（张惠言）；又与被掳到北国的后妃联系起来（邓廷桢），所以就说白石这是在为国事发感慨了，其实这种说法也真是不一定，他这里确实是发感慨，但似乎不是为了国事，还是为了爱情的往事。我们都知道，让昭君出塞，本来是个误会，是毛延寿在画图上作了手脚。皇帝宠幸后宫，要看画像选择，于是就有很多后宫佳丽贿赂毛延寿，把自己画得漂亮一些，好早得到皇帝的宠幸。王昭君自恃绝色，她也不愿意去行贿，所以毛延寿就让画工把王昭君画得很丑，因此王昭君就没有得到皇帝的宠幸，皇帝就让她去和亲了。昭君临行辞皇帝，皇帝才知道她是个绝色美人，这么美的人，怎么画得那么丑呢？后悔是来不及了，昭君走了，皇帝把画工杀掉了。这个故事在《西京杂记》里记着。姜白石在这里用王昭君的故事，也可能就是隐喻着他和那个女孩也是因为阴错阳差而分开，这是越想越伤心的事。因为彼此有着深深的爱，所以就是分开了，她也会像“昭君不惯胡沙远”一样不会有好的生活，她也会有着不尽的相思，是“但暗忆、江南江北。”白石这时候又想象了，他想那个女孩像昭君的魂魄一样归来了，杜甫就有诗句说昭君“环佩归来月夜魂”，这里的“佩环、月夜归来”显然是化用杜句，她回来了，她不是人回来了，是魂魄回来了，她怎么让他看见呢？她就化作了梅花，“化作此花幽独”。你看他写的，梅花步步不离美人，美人步步不离梅花。

下片他写对美人逝去、梅花落尽的哀挽。“犹记”三句，又是用典，宋武帝的女儿寿阳公主一日睡着的时候，有一朵梅花落在了她的额头，就印在了上面，那朵梅花就在她的额头留了许多天，后来就有很多女子学这样子化“梅花妆”。用这个典的意思就是说要留住梅花，也就是要留住他爱的那个女孩。“莫似”三句，是说不要像春风那样把梅花吹落了，要早早地像汉武帝那样为阿娇安排好金屋，这里用的汉武帝“金屋藏娇”的故事。你看，说春风“不管盈盈”，还在写花，转而写“早与安排金屋”，又回到了人，还是梅花即美人，美人即梅花。这三句还是说要留住梅花，留住美人。可是这只不过是他的希望而已，事实上却是美人逝去，梅花落尽了，他就怨那个“玉龙哀曲”，“玉龙”就是笛子，笛子曲中有《梅花落》，所以他就“怨”，梅花随波而去，美人也随波而去了。什么时候再见呢？可能再也见不到了，“重觅幽香”，也只能在那“小窗横幅”的画上看一看了。姜白石大概是存有那个女孩的画像的，前面说的那首《鹧鸪天》里他就写“梦中未比丹青见”，可能是有的。所以这里的“横幅”，也是亦梅亦人的。

他咏物，也是咏心情，他咏梅、咏柳，一般都与他那一段爱情往事有关系，现在也有人考证出他不但在合肥有一段爱情的往事，在吴兴也有一段。我们这里不遑细说，我们只是说他大部分的词是写对爱情往事的回忆。他的一些咏物词是有着这样一番心情在里面的。我们在说他的《扬州慢》时也说过，他对国事也是有一番感慨的，他的咏物词里也隐隐透出一点感慨。比如他的《齐天乐·蟋蟀》中有“候馆迎秋，离宫吊月，别有伤心无数”的句子，词后他自注又有“宣、政间，有士大夫制蟋蟀吟”的话，这就或多或少地流露出一种对江山亡了一半的悲悯。有人说这里“寄托遥深”（郑文焯语），有多么“遥深”也难说，但那里面一定隐着十分凄苦的心情，是一种对家园不完满的幽怨，南宋半壁离人多，这里多少也有一些时代情绪。当时的心情总有两种，一是失家园之伤痛，二是复家园之愤奋，辛弃疾一派是合二者而更重后者，姜白石只是偶在两者徘徊而已。所以他的咏物词里，一方面寓有对爱情往事的一种感伤，一方面也多少有一点对国事的感伤。

“香冷”的格调
嫣然摇动，冷香飞上诗句

姜白石的词受到后人极高的推许，南宋末的词论家张炎对白石极尽推崇，说他的词是“清空”一派，说吴文英是“质实”一派，张炎是不喜欢“质实”的，所以他说“词要清空，不宜质实”。什么叫“清空”呢？张炎说：“清空则古雅峭拔”，而且作了个比喻，就是“野云孤飞，去留无迹”。这就是一种孤高的样子，一种不群的样子。范成大说姜白石“翰墨人品皆似晋、宋之雅士”，所以很多人就把白石和魏晋人作比较，魏晋人也讲“清”，“清”就脱俗，就是一种高蹈的风貌，像山水一样清静自然，是“余霞散成绮，澄江静如练”。白石的词是超俗的，他把他的词思索安排得没有一点尘俗气，干干净净的，没有一点渣滓。脱俗就孤标，独往独来；张炎还说白石词“骚雅”，是“读之使人神观飞跃”，这自然就不浅俗，因为他写作时是摄取事物的神而不只取其外貌。他写词，像画画，常用点染法，不是直抒胸臆，而是旁敲侧击，如上面我们说过的《暗香》和《疏影》，写梅花就是用的旁敲侧击法，写美人，更是旁敲侧击。所以就有一种“去留无迹”的感觉。

“野云孤飞，去留无迹”，应该说大概可以概括姜白石的词风，不过似还可以加上“香冷”此一种格调。读白石的词，很难说他是“阴柔”的美，说他的词属“阴”尚可，但绝不柔，他的词比较清峭，是“冷”中的味道。有人说他有“阴冷美”的偏嗜，说“阴冷”，又有些过了，他是冷中有味道，像梅花的香，是“香冷入瑶席”；也如荷花的香，是“嫣然摇动，冷香飞上诗句”（《念奴娇》中句）。为什么有了这样的风格？这大概与他作为一介清客的身份有关系，他不是那种只是作作诗词讨口饭吃就行了的人，他是那种在文艺上有真才华而在经济上又没地位的人，所以他自己在词里就叹道：“文章信美知何用，漫赢得天涯孤旅！”（《玲珑四犯》）才高，心性高，可是那种飘零与寄居的身世境遇，不能不使他有一种人生价值的失落感，一种对前程的迷惘，则词心就总让人觉得有些弱。他心里有一种高洁，这高洁也像一种“冷香”一样隐隐地往外透，而不是浓郁的香风扑面，其词亦如之。他的身世境遇，确实使他有一种对未来的迷惘与无望，这从他的词里也能透出消息，你看他很少有对未来的展望，他常常往回看，常常回忆，他的词里多是美好的回忆和回忆中的美好，往往比真的美好还美好。可是他的回忆也很冷静，不是那么激动不已，是“暗香”，是隐隐的，是丝丝的，是冷冷的，是“香冷入瑶席”，他不是冲着那香冷去的，是香冷冲着他来，他是被动的，不是主动的，所以让人觉得他的心里真是虚弱。你读他的词，就是激动不起来，可是你能感觉到他的味道，也是“香冷入瑶席”。读他的词，就像看到吃了“冷香丸”的薛宝钗，那“冷香丸”也不是那么好炮制的，姜白石也真是用尽了思力去安排，炮制出来这种“冷香丸”式的词来。他的用词用语真是锻炼出来的，所以后来人也从他那里总结出很多作词的方法来。在姜白石以前，词人作词，大都把词作为陶写工具，陶写性情也好，陶写志意也好，词总还是手段，到了姜白石，虽不能说他没有陶写性情，可是作词本身渐渐成了目的，讲究它自身上的词语的完美，渐渐就成了一种工艺化很强的东西。所以王国维说他的词“有格而无情”，不是没有道理的。当然不是说他的词就是没有情，而是说这“情”，不像北宋词人、不像辛派词人有着那样一种兴发感动的冲击力。姜白石有他的好处，所以后来有不少人喜欢他，到了清朝就有所谓“家白石而户玉田（玉田是张炎）”的说法。喜欢他的人也使劲地捧他，说他是“三百篇之苗裔”，说他“犹诗家之有杜少陵”。

『幽云怪雨』吴梦窗

吴梦窗词，不太好读，其词如“幽云怪雨”中的“七宝楼台”，是一种迷乱的、跳动的美丽。他是披着古典的外衣而又不按古典的传统行事，所以古人、今人对他大多是“敬鬼神而远之”。他的词真是美丽，但不是周美成那种典丽，也不是姜白石那种雅丽，更不是辛稼轩那种壮丽，他是一种“幽云怪雨”中的美丽，是一种迷乱的、跳动的，像现代派画一样的那种美丽。这可以说是宋词史上最后一次美丽的展示了。

有宋最后一位大词人

雁起青天，数行书似旧藏处

有宋一代最后一位大词人就是吴文英了，现存词近三百五十首，宋词人存词之多，除了辛弃疾，大概就是他了。

吴文英，字君特，号梦窗，晚年又号觉翁，四明（今属浙江）人。一生未仕，其主要行踪不出江浙，而以居苏州、杭州为最久。他的生卒年到现在还是个谜，夏承焘先生《吴梦窗系年》将其生年定在公元1200年，杨铁夫《吴梦窗词笺释》后附《吴梦窗事迹考》将其生年定为公元1205—1207年之间。其卒年定在最晚的是公元1276年，一般的说法是他活了六十多岁。而陈邦炎考其生年则在宁宗嘉定五年（1212年），卒年在公元1272—1276年之间。还有更新的一种说法，即朱德慈《吴梦窗生卒年新证》一文定为公元1204—1280年，这样梦窗享年近八十矣！

在有宋一代，他算生活在末世了，有人说他看到了宋的灭亡，有人说他死在宋亡之前，但不管怎样，那也是一个风雨飘摇的年代了。

他和姜白石差不多，也是一生以其文才依傍于贵人之门，也算一个以赚“稿费”为生的“专业词人”。但是姜白石所依傍的大都是一些有文才、有学养、有钱但并没有多少权的富人雅士，吴梦窗依傍的人里却有两个在当时权倾一时的宰相，吴潜和贾似道。吴梦窗曾给贾似道作过一些词，叶嘉莹认为吴梦窗之写词给贾似道，是他人格上的一种弱点所致，她说：“具有崇高美好之心灵的光焰的人物，却不一定都具有崇高美好的完整的人格，因为心灵之动向是一件事，而当内在之心灵与外在之环境相接触时，其反应之姿态与持守之能力是另一件事。”人都有弱点，也都有一些不得已处，我们读吴梦窗的词，看他的词来说话更好一些。

吴梦窗词，不太好读，前面说过，他的词如“幽云怪雨”中的“七宝楼台”，是一种迷乱的、跳动的美丽。这主要是因为他有一种比较特殊的形式和手法，他披着古典的外衣而又不按古典的传统行事，所以古人今人对他大多是“敬鬼神而远之”。不喜欢他的人也很多，南宋末的词学家张炎就不喜欢他，把他和姜白石对比着说，姜白石是“清空”，吴梦窗是“质实”，前面我们已经说过什么是“清空”了，那么什么是“质实”呢？按张炎的话说就是“凝涩晦昧”，就是看不懂，不知道他在那儿说什么。民国以来也有很多文学史家批评吴梦窗的词晦涩难懂，以至于因为自己弄不懂，或自己懂了而替“大众”不懂，所以就说词到了吴梦窗就到了劫运，说吴梦窗把词引进了死胡同。

这里面可能有一些文学观念的问题，也有读词方法的问题，客观地说，也有吴梦窗词本身的问题。当然也有非常推崇他的，如清朝的周济就说："梦窗立意高，取径远，皆非余子所及。""梦窗奇思壮采，腾天潜渊，返南宋之清冽，为北宋之浓挚。"（《宋四家词选序论》）又说"梦窗每于空际转身，非具大神力不能。"（《介存斋论词杂著》）如果细细地读梦窗词，你就会觉得周济所说并非过誉。

读梦窗词需细读，细心吟绎，就能觉出味道的美来，清朝的戈载在其《宋七家词选》里说梦窗的词，"貌观之雕缋满眼，而实有灵气行乎其间。"他说若细心玩味，就不觉得他的词晦涩，也就不觉得他的词堆垛了。而且他把吴梦窗的词比之于李商隐的诗。这些话说得都有道理，下面我们来看几首吴梦窗的词。

先看《齐天乐》，词云：

齐天乐·与冯深居登禹陵

三千年事残鸦外，无言倦凭秋树。逝水移川，高陵变谷，那识当时神禹？幽云怪雨，翠蓱湿空梁，夜深飞去。雁起青天，数行书似旧藏处。

寂寥西窗久坐，故人悭会遇，同翦灯语。积藓残碑，零圭断壁，重拂人间尘土。霜红罢舞，漫山色青青，雾朝烟暮。岸锁春船，画旗喧赛鼓。

这是写与冯深居（名去非）登禹陵，冯大概是梦窗的旧交。在《宋史》上有传，他是个敢言直谏之臣，是个有气节的人，因反对有贪纵淫恶之行的权臣丁大全而被免官。禹又是华夏民族的大英雄，此时与冯登禹陵，自然有苍茫之感慨隐然存乎其胸中，读过这首词，则知其中既有怀古的意思，也有伤今的意思。“三千年事残鸦外”，写时间之消逝，而写逝于“残鸦外”，则是以空间之苍茫，写时间历史的苍茫，与杜牧之《登乐游原》诗句“长空淡淡孤鸟没，万古消沉向此中”的意思相似。时间消沉至今，而我们现在是怎么样呢？现在是“无言倦凭秋树”，这里用“秋树”点出登禹陵的时间是在秋天，而用“无言”，用“倦”，这里面就有感慨了。三千年的事，有古有今，如今面对历史和现实，感慨良多，却不能以一言发之，“无言”而有思，是不好说，是不能一下子说出来，这“思”也是很沉重，“倦”是心倦，是沉重的心情。“逝水”三句写历史之变迁，沧海桑田，禹王何在？禹王之精神何在？这是在吊古人，也是在伤今事。他在追问，也在追寻，到哪里去找那个大禹王？“那识当时神禹”？下面他就开始“腾天潜渊”了。“幽云怪雨”三句，用了一则神话传说，说大禹庙里的屋梁化龙飞入镜湖的事。《四明图经》云：“鄞县大梅山顶有梅木，伐为会稽禹庙之梁。张僧繇画龙于其上，夜或风雨，飞入镜湖与龙斗。后人见梁上水淋漓，始骇异之，以铁索锁于柱。”而叶嘉莹先生在美国哈佛大学燕京图书馆查得明刻南宋嘉泰《会稽志》，其卷六“禹庙”条载：

“夜或大雷雨，梁辄失去，比复归，水草被其上，人以为神……”余皆与《四明图经》所记相类，而独多“水草被其上”，这就是梦窗为什么写“翠蓱（萍）湿空梁”。用这个屋梁化龙的故事，是要写禹王的英灵不泯。下面“雁起青天”二句，又关合一段故事，在禹陵附近有一座宛委山，也叫石匮山，传说这是禹王藏书的地方。这里不写那山，而是写那山的方向起一行大雁，大雁排列有序，如字写在天上，雁字就好像禹王所藏书中的字。这种写法就是梦窗的特色，他的感觉真是锐敏，他的联想真是丰富，他就由雁而到雁字，而到书字，而到藏书处，与禹王联系起来，也是写禹王的精神不死。禹王的精神就在那里，可是谁能传承呢？禹的精神应是民族的聚合力，如今天下南北分剖，朝廷中又是人异其心，党同伐异，身为禹王后裔，能不感慨系之？于是下片就写他的思绪纷纷，用的是周美成那种时空跳接法。

“寂寥”三句，是写禹陵归来与冯深居对坐谈话，本来朋友相聚，在一起谈话是很温馨的事，可是此时的心情有一种“寂寥”之感，这自然和游了禹陵有关系，面对禹陵的感慨是梦窗与冯深居共有的，人生如梦寐，少壮能几时？抚今思昔，足令人起寂寥之感。刚说着“同翦灯语”，一下子又跳到大禹那儿去了，“积藓残碑”三句的“碑”“圭”“璧”都是禹陵旧物，曰“残”曰“零”曰“断”，自是说禹陵旧物上的历史之创瘢，更隐喻着现实社会与大禹精神的隔断，那旧物上有“人间尘土”，隐喻着现实社会对大禹精神的忘却，“重拂”，就是擦去，这个“拂”，就不只是擦去尘土，而是把那种“隔断”和“忘却”给“拂”去，这里面自然就有很多的感慨。下面诸句，先说秋，忽而又转为春，这种跳法也常常让人跟不上。“霜红罢舞”，这是写秋天，这意象真是美，秋叶纷纷落下，就像红色的舞蹈，等那叶子落尽了，就是“罢舞”，那红色舞蹈的结束，他用自己那敏锐的感觉去修辞，你读他的词就要跟上他的敏锐，才会觉到美，否则就只能觉到晦。“霜红罢舞”，叶子落尽了，秋就沉寂了下来，“山色青青，雾朝烟暮”，一切都缓缓的，静静的，生命的律动就沉静下来了，大禹的那种英雄气好像就在这里消沉了，是“万古消沉向此中”，人会这样甘心吗？冯深居罢官后曾说“今归吾庐山，不复仕矣！”这是不得已，但绝不是甘心。所以梦窗在这里就又跳开去了，由秋之冷寂跳到了春之热闹，“岸锁春船，画旗喧赛鼓”，这是对未来作的展望。相传春三月是禹王的生日，那时候会稽山到处举行纪念大禹的赛会，有陆路来的人，也有水路来的人，所以说“岸锁春船”；赛会上有旗有鼓，所以说“画旗喧赛鼓”。梦窗何以在这里着意一个“春”字作这样一番展望呢？他在这里隐着一种何样的感慨呢？叶嘉莹先生说得好：

> 今于结尾之处突然著一“春”字，而且以“旗”“鼓”之美盛喧哗，为全篇寥落凄凉之反衬，余波荡漾，用笔悠闲，一若果然可以春日之美盛移代而忘怀此秋日

之凄凉者；然而细味词意，则前所云“雾朝烟暮”句，已有无限节序推移之意，则春日之美盛岂不仍复有归于秋日凄凉之时，则此处之一“春”字，梦窗固于其中隐有无限盛衰更迭之感也。抑且更有言者，则今年于“秋树”“霜红”之时，梦窗固曾来此登临凭吊，然而明年春日之时，纵有旗鼓之盛，而此日登临之梦窗乃或者竟不知何往矣。故尔荡开笔墨，遥遥著一“春”字，无限哀感尽寄托于遥想之中，则年去岁来，春秋代序，此盛衰今古之悲乃层出而不穷，因之梦窗之所慨乃亦不限于此一日之登临而已矣。夫禹王不作，往迹难寻，而人世之陵夷迁替，乃正复如春秋节序之无常，此二句出语极闲远，一若悠然有忘愁之意，然而含意则极深切，足以包笼历史与人事种种之盛衰成败于其中。昔周济《介存斋论词杂著》称梦窗词云：“意思甚感慨，而寄情闲散，使人不易测其中之所有。”观夫此词之结尾二句，其信然矣。（见《迦陵论词丛稿》第174—175页）

再看他另一首写历史遗迹的词，这回是游苏州的灵岩山，也是和别人一起去的，这词是《八声甘州·灵岩陪庾幕诸公游》：

八声甘州·灵岩陪庾幕诸公游

渺空烟四远，是何年、青天坠长星。幻苍崖云树，名娃金屋，残霸宫城。箭径酸风射眼，腻水染花腥。时靸双鸳响，廊叶秋声。

宫里吴王沉醉，倩五湖倦容，独钓醒醒。问苍波无语，华发奈山青。水涵空、阑干高处，送乱鸦、斜日落渔汀。连呼酒、上琴台去，秋与云平。

此词一起便神奇，“渺空烟四远”，写灵岩山之四面空旷渺茫，空间意象何其高远！写山就写山吧，可是他又写这山的来历，他说不知在什么时候，天上坠落下来一颗大星星，就出了这灵岩山，这也真是奇想！有了那颗星，就有了灵岩山，就有了与灵岩山相关的人类历史，就有了人类的兴衰荣辱。所以下面就写那“长星”幻化出了“苍崖云树”的灵岩山，“名娃金屋”的西施，和“残霸宫城”的吴王宫殿。有了山，有了草木，有了人，有了吴越之战，有了吴国的由盛而衰。自那颗“长星”坠落，就带出了这许多许多。西施是越人，越国把她献给了吴王，吴王为她盖了“馆娃宫”，吴王沉醉在胜利里，沉醉在美色里，他很快就被“卧薪尝胆”的越王勾践消灭了，所以这里写的是“残霸宫城”。下面“箭径”二句，是写灵岩山的一景，即“馆娃宫”附近的小溪，那里叫“箭径”。说“酸风射眼”“腻水染花腥”，自然不是好心情。“酸风射眼”，是说风刺眼，就流泪了。过去李贺有《金铜仙人辞汉歌》的诗，里面有“东关酸风射眸子”的句子，“金铜仙人”原来是在长安的汉宫里，可是汉朝亡了，曹魏时就把它迁移了。李贺感事作诗，写“金铜仙人”离开汉宫的不情愿，是“东关酸风射眸子”，所以他就说“忆君清泪如铅水”。吴梦窗游灵岩，看到的是吴国残迹，所以也有一种与李贺相同的对历史兴衰的一番感慨，而况当时南宋也是风雨飘摇，历史会不会重演一回“残霸宫城”的旧戏也未可知啊！下面他又写“腻水染花腥”，什么是“腻水”？这是从杜牧的《阿房宫赋》里来的，阿房宫中多美女，她们把脸上的油脂洗下来，流入渭河，河里就漂起一层油脂。而这箭径也曾是美女往来的地方，这水里也应是带着油脂的，这带着油脂的水溅染到花上，那花上自然就有了油脂的腥味。你看他的感觉多锐敏、多奇特！吴国就在这腥味中亡了，梦窗在这里写“腻水染花腥”，自是对古来的兴亡之慨，也未尝没有对南宋江山的隐忧。“时靸双鸳响”二句，又写灵岩一景，即“响屧廊”，这是西施住的“馆娃宫”里的一个长廊，廊上木版下都是空的，人走在上面就发出脚步的声响，所以叫“响屧廊”。这两句是说，当时响着西施的脚步声的长廊上，现在是什么声音呢？现在是“廊叶秋声”，秋风败叶卷扫着长廊，把过去西施那动人的脚步声淹没了，这里自然也有许多的兴亡之慨。上面都是写景，但是把吴国的兴衰、把历史融进去了，境界自大。并且在其中也把一己之感慨融入历史，融入山川，则自我也由原来的小我而放大，他的心情也就不是一个小我的狭窄的心情，里面就有了宇宙古今。有这样包容博大的胸怀，再加上他的艺术才力，他就真的是“腾天潜渊”了，上可以高远，下可以深沉。

下片头三句，承上怀古之意，说吴王以沉醉而亡国，范蠡以独醒而全身。吴王昏，则亡国，一切盛时之美人宫殿皆入幻梦。范蠡助越王勾践灭吴，看透兴亡之事，就远离征战之场，于五湖垂钓去了，他是清醒的，他是有功业建树的，可是他就得退隐，不退隐就不得全身，文种同样有功于越国，他觉得自己功高，没有听从范蠡的劝告，他不退隐，最后就遇害身亡。吴梦窗有一首《高阳台·过种山》就是写文种的。梦窗在这里写范蠡，也真是有很多的感慨，为什么退隐就是清醒，清醒的偏要退隐？这是自古以来士大夫的悲剧。范蠡有才能，他帮助越王勾践灭了吴国，但是真正的士大夫的终极关怀似非帮一国灭一国就完事了，他们的终极关怀是世界的美好，人情的美好，但这做不到，勾践只是为报仇而用他，为称霸而用他，勾践不会使他实现其终极关怀，他在那种社会里也不可能实现其终极关怀，他清醒于这一点，所以就向勾践说“君王勉之，臣不复入越国矣”（《国语·越语》）。范蠡就泛舟五湖去了。吴梦窗由吴王想到范蠡，这是发自古文人士大夫之感慨，这是古来没有解决的问题，文人士大夫有终极关怀，有对国家的一份责任感，可是他们通常实现不了他们的意志，这是自“青天坠长星”以来就解不开的矛盾，人解决不了，问天，也没用，所以说“问苍波无语”，那么他自己，就更是无可奈何。山还是那样青，人的头发却白了，一代代人生人死，吴王何以醉，范蠡何以醒？没有人说得清，就像这灵岩山一样，他到底是不是"青天坠长星"变成的，谁也说不清，这是一个古老的大问题。吴梦窗在这里的感叹也真是高而深。下面他不写感慨了，跳出来写风景："水涵空、阑干高处，送乱鸦、斜日落渔汀。"这景写得真是好，真是苍茫，水与天接，凭栏远眺，乱鸦、斜日、渔汀，广远而有层次，像一幅水彩画。"乱鸦""斜日"也是"万古消沉向此中"，一回回鸦起鸦落，一回回日出日没，千古兴亡多少事，都消融在这如画的景色中了。不要再想那久远的历史，"连呼酒"，乘着酒兴，再登高"上琴台去"，追那落日，仔细看，人生转眼即成古，他看到了什么？看到了"秋与云平"，多好的秋色，多满的秋色！天地都好像包容不尽了，要珍视这一片秋色，珍视光阴，珍视自己。这末三句，境界高远，里面有不得已，有悲慨，却不说出，以景结情，放开来写，则有不尽之意。

吴梦窗的词就是这样，时空跳接，古今打成一片。而且他跟着感觉走，全不依着古典的传统法度，他是以一种意识的流动来结构他的词的，他是以其敏锐的感觉去用语修辞的，这种"意识的流动"，这种"敏锐的感觉"，就使他的词活起来，就是一种生命的律动，不能说他没有周美成那种"思索安排"，他也有，他安排好多典故到他的词里，但是他能让这些东西一一生动飞舞，这就是他的好处，也是他的特色。我们说姜白石就比